PAUL FORESTIER

COMÉDIE EN QUATRE ACTES, EN VERS,

Par Emile Augier.

Distribution des rôles de la pièce :

Michel FORESTIER, Sculpteur,	MM. *Richard.*
Paul FORESTIER son fils, peintre,	*Aubrée.*
Adolphe de BEAUBOURG,	*Armand.*
Madame LÉA de CLERS,	Mmes *Vial*
CAMILLE, cousine de Léa, pupil. de Forestier.	*A. Thibeaut.*

La scène est à Paris, de nos jours.

ACTE PREMIER. — *L'atelier de Paul Forestier.*

Au lever du rideau, Paul Forestier est en proie à une agitation fiévreuse. Il s'interrompt au milieu de son travail et demande s'il n'y a point de lettre pour lui. Sur la réponse négative de Firmin, il s'écrie :

Ah ! femme sans pitié ! femme comme les autres,
Juste ciel ! quels orgueils féroces que les vôtres !
Le dernier mot pour vous, en fait de voluptés !
Ce sont nos désespoirs, nos pleurs, nos lâchetés...

Forestier entre et n'a pas de peine à deviner la cause de la tristesse de son fils. Il lui donne de sages conseils et voudrait pour lui un salutaire mariage.

. . . . le mariage est une chasteté.
Je n'entends pas bannir les tendresses humaines,
Seulement, je les veux profondes et sereines ;
Je veux qu'au travailleur, servant de réconfort,
Au lieu d'être un orage, elles lui soient un port.

Le père, le fils et Camille doivent aller dîner ensemble chez Léa, jeune femme séparée juridiquement de son mari. Sous un vain prétexte Paul s'excuse.

Forestier reste seul; tout-à-coup une porte s'ouvre et une femme se glisse gaiement dans l'atelier en disant :

Puisque tu ne viens pas, c'est moi qui viens !. .

Forestier se montre. Léa recule tremblante et confondue en s'apercevant de sa méprise.

Forestier demande à Léa de rompre de suite avec Paul. Elle se révolte contre une exigence qu'elle appelle égoïste. Si elle consent seulement à s'éloigner pendant quelque temps, en laissant à Paul ignorer le lieu de sa retraite, Forestier assure à Léa qu'elle sera bientôt oubliée. Léa, confiante dans la passion de Paul pour elle, accepte cette épreuve. Elle partira demain.

ACTE DEUXIÈME. — *Le salon de Forestier.*

Cinq mois se sont passés depuis la dernière entrevue de Léa avec Forestier. Paul, révolté du brusque abandon et du silence de Léa, a consenti sans difficulté, il y a trois mois, à épouser Camille, qui l'aime avec la tendresse la plus naïve et la plus touchante. Forestier leur annonce le prochain retour de Léa, rappelée par un procès relatif à la succession de son mari, mort depuis un mois.

Léa arrive en grand deuil, froide et triste. Camille la revoit avec bonheur et veut faire partager sa joie à Paul, qui ne répond à Léa que par des mots remplis d'une amertume et d'un ressentiment transparent. Aussi Léa abrége sa visite.

Aussitôt après le départ de Léa, un ami de Paul, Adolphe de Beaubourg, un homme du monde, artiste amateur, qui revient de voyage, se présente et réclame de lui un service pour mener à bonne fin une étrange aventure qu'il a eue à Vienne. Il y avait rencontré une parisienne, une femme du monde qui gracieusement l'avait invité à titre de compatriote, à fréquenter son salon.

Mais sans même songer à lui faire ma cour.
Car. belle, froide et calme ainsi qu'une Minerve,
Son attitude seule imposait la réserve.
Cela durait ainsi depuis un mois. — Un soir,
Nous étions cinq ou six causant dans son boudoir ;
Elle avait dans son air je ne sais quoi d'étrange,
De fauve, si ce mot peut se dire d'un ange ;
La voix rauque et stridente, et les yeux éclatants,
Pâle, avec des éclairs de rougeur par instants,
Fiévreuse, sarcastique, emportée, éloquente,
Elle était à la fois hautaine et provoquante.
Elle me troublait fort, je ne puis le nier;
Tant pis ! je m'arrangeai pour rester le dernier.
Je risquai des aveux qu'on reçut sans colère ;
Ce que voyant, ma foi ! je devins téméraire....
Grande indignation, et tout ce qui s'ensuit ;
Mais je n'écoutais rien; lorsque sonna minuit.. ..
J'étais à ses genoux.... « Silence ! » me dit-elle ;
Et puis, au dernier coup de l'heure solennelle,
Murmurant quelques mots que je n'entendis pas,
Voilà qu'elle se laisse aller entre mes bras !
J'étais tout stupéfait encor de mon bonheur,
Qu'elle me dit : « Sortez, vous me faites horreur ! »

Il sortit étourdi de cette réaction. mais enchanté, enivré de son triomphe. Il revint le lendemain, mais elle était partie. Après de vains efforts pour retrouver sa trace, il a appris qu'elle est de retour à Paris, qu'elle est libre, veuve depuis un mois.

Paul soupçonne qu'il s'agit de Léa. Beaubourg avoue. Il est persuadé qu'elle a cédé à un élan de passion, puisqu'elle en a rougi. Il est résolu à demander sa main et il compte sur Paul. Il refuse.

ACTE TROISIÈME. — *Un salon chez Léa.*

Léa, affaissée, les bras pendants, sur un canapé :

Hélas ! je n'ai plus rien de vivant que ma honte !
Sa rougeur à ma joue est la seule qui monte !
Ah ! que je porte envie à celle dont le cœur
Peut se rassasier au moins de sa douleur,
Et dans le désespoir trouver encor des charmes,
N'ayant pas comme moi deshonoré les larmes !

Camille vient faire visite à Léa. Interrogée par sa tante sur son bonheur elle se souvient des recommandations de son beau-père

Ne lui raconte rien, crois-moi; les bonnes gens
N'étalent pas leur luxe aux yeux des indigents.

et se montre embarassée dans ses réponses. Léa étonnée de son embarras, croit y voir la preuve qui flatte sa passion, que Camille n'est pas aimée autant qu'elle le voudrait; mais la jeune femme, s'apercevant de la méprise de sa tante, lui dit ingénument que son mari l'adore. Leur conversation est interrompue par le domestique de Léa qui annonce le notaire.

Le notaire annoncé c'est Beaubourg, qui a eu recours à ce déguisement pour parvenir jusqu'à Léa. Elle lui ordonne immédiatement de sortir. Il n'ose lui désobéir, mais il s'arrête sur le seuil et lui dit timidement qu'il venait demander sa main. Cette marque d'estime dans son abaissement la touche jusqu'aux larmes. Qu'il revienne ce soir, elle lui donnera une réponse définitive.

Paul vient pour s'acquitter de l'ambassade qu'un ami lui a confiée. C'est inutile, Beaubourg sort lui-même de chez Léa. — En ce cas il est clair qu'elle a consenti. Ce mariage apportera un grand allégement à sa conscience.

Votre conduite, en somme, est toute naturelle :
Vous en aviez assez de notre liaison,
Vous avez rencontré là bas un bon garçon,
Et, comme il vous plaisait.... Ah ! misérable femme,
Tu n'a pas reculé devant cet acte infâme !
Rien ne te disait donc que tu prostituais
Ce qu'adoraient encor mes souvenirs muets,
Le temple consacré par mon idolâtrie ?
— Un autre entre ses bras, un autre !... l'a flétrie !
Un étranger... que dis-je ? un passant, Dieu vengeur !
De sa beauté divine a pillé la pudeur !
Il a tout dévoré de son regard profane !
Demande-moi pardon ! à genoux, courtisane !

Il la prend violemment par le bras et la jette sur ses genoux, Il recule comme épouvanté de sa brutalité, tombe dans un fauteuil et éclate en sanglots, puis dit à Léa de trouver une excuse si elle peut. Léa lui répond : « C'était le 3 septembre, le jour de votre mariage. » Elle s'est sentie prise d'un besoin furieux de se venger de lui :

Et quand à la raison l'horreur me rappela. .
Si la honte tuait, je ne serais pas là !
Vous ne me méprisez moins que je ne me méprise,
Et j'ai la plaie au cœur que rien ne cicatrise.

Paul, après un silence.

Ton crime est à moi seul, je l'ai seul inspiré,
Sur ton égarement qu'un voile soit tiré,
Oublions! notre amour seul est vrai; tout le reste
N'est qu'une vision, un mensonge funeste!
Tu n'as appartenu qu'à moi, tu m'appartiens.....

Léa le repousse.

Entre nous désormais il existe un abîme
Que peuvent seuls franchir l'impudence et le crime.
Pour ne pas vous parler de vos devoirs d'époux,
Fussiez-vous libre encore ou le devinsiez-vous,
Je ne vous rendrais pas flétrie et dégradée
Celle que pure un jour vous avez possédée.

Léa sonne et dit à son domestique qui paraît sur le seuil de la porte : Reconduisez monsieur, — je n'y suis plus pour lui.

ACTE QUATRIÈME. — *L'atelier de Paul Forestier.*

Paul veut suivre Léa, qui retourne à Venise. Son père cherche à le retenir.

C'est donc vrai! vous sortiez d'ici, gai déserteur,
Ne laissant après vous que desastre et douleur,
Et, sans souci des lois humaines et divines,
Suivant votre caprice à travers nos ruines,
Et quel caprice encor! dont l'objet dégradé
Par vous-même honni, conspué, lapidé...

Rien ne peut détourner Paul de son funeste projet. Forestier se décide à révéler son projet de fuir à Camille. Léa promet à la jeune femme qu'elle saura mettre entre elle et Paul un obstacle de nature à s'en faire haïr; mais Camille pense qu'il vaut mieux qu'elle se sacrifie pour permettre à Paul et à Léa d'être heureux. Elle veut se tuer. Forestier découvre son dessein, et Paul, profondément ému et repentant, tombe aux pieds de sa femme.

La propriété de la pièce appartient à MM Michel Levy frères, libraires-éditeurs à Paris, rue Vivienne, 2 bis; et Boulevard des Italiens, 15, à la Librairie, Nouvelle — Prix : 4 fr.

Toulouse. Imp. Troyes OUVRIERS RÉUNIS, rue St-Pantaléon, 3.

PAUL FORESTIER

COMÉDIE

Représentée pour la première fois, à Paris, sur le Théâtre-Français
par les Comédiens ordinaires de l'Empereur
le 25 janvier 1868

ŒUVRES COMPLÈTES

D'ÉMILE AUGIER

Format grand in-18

L'Aventurière, comédie en quatre actes, en vers.
Un Beau Mariage, comédie en cinq actes, en prose.
Ceinture dorée, comédie en trois actes, en prose.
La Chasse au roman, comédie en trois actes, en prose.
La Ciguë, comédie en deux actes, en vers.
La Contagion, comédie en cinq actes, en prose.
Diane, drame en cinq actes, en vers.
Les Effrontés, comédie en cinq actes, en prose.
Le Fils de Giboyer, comédie en cinq actes, en prose.
Gabrielle, comédie en cinq actes, en vers.
Le Gendre de M. Poirier, comédie en quatre actes, en prose.
L'Habit vert, proverbe en un acte, en prose.
L'Homme de bien, comédie en trois actes, en vers.
La Jeunesse, comédie en cinq actes, en vers.
Les Lionnes pauvres, comédie en cinq actes, en prose.
Maître Guérin, comédie en cinq actes, en prose.
Le Mariage d'Olympe, comédie en trois actes, en prose.
Les Méprises de l'amour, comédie en cinq actes, en vers.
Philiberte, comédie en trois actes, en vers.
La Pierre de touche, comédie en cinq actes, en prose.
Sapho, opéra en trois actes.

Poésies complètes, un volume.

PARIS. — J. CLAYE, IMPRIMEUR, RUE SAINT-BENOIT, 7. — [109]

PAUL FORESTIER

COMÉDIE

EN QUATRE ACTES, EN VERS

PAR

ÉMILE AUGIER

DE L'ACADÉMIE FRANÇAISE

PARIS

MICHEL LÉVY FRÈRES, LIBRAIRES ÉDITEURS

RUE VIVIENNE, 2 BIS, ET BOULEVARD DES ITALIENS, 15

A LA LIBRAIRIE NOUVELLE

1868

A

CHARLES LAMBERT

Témoignage

d'ancienne et fraternelle amitié.

E. AUGIER.

PERSONNAGES.

MICHEL FORESTIER	MM.	GOT.
PAUL FORESTIER, son fils		DELAUNAY.
ADOLPHE DE BEAUBOURG		COQUELIN.
MADAME LÉA DE CLERS	Mmes	FAVART.
CAMILLE, cousine de Léa, pupille de Forestier		V. LAFONTAINE.
FIRMIN } Domestiques	MM.	KIME.
MARTIN } Domestiques		MONTET.

La scène est à Paris, de nos jours.

NOTA. L'auteur interdit la représentation de sa pièce en province, sauf autorisation spéciale de M. Roger, agent de la Société des auteurs dramatiques.

PAUL FORESTIER

ACTE PREMIER

L'atelier de Paul Forestier. Le jour vient du fond à gauche. Porte au fond à droite; portes latérales. Une grande toile sur un chevalet devant le vitrage.

SCÈNE PREMIÈRE.

PAUL, en train de peindre à son chevalet au fond, UN VIEUX DOMESTIQUE range l'atelier, sur le devant. Après un silence, Paul se lève brusquement.

PAUL.

Laisse là ton plumeau, Firmin; va voir en bas
Si je n'ai pas de lettre, et ne lanterne pas.

Le domestique sort. Paul seul, arpentant la scène avec agitation.

Trois jours sans me donner un signe d'existence!
Jadis sa bouderie avait moins de constance,
Et, prompte à s'accuser d'un tort même incertain,
Elle était la première à me tendre la main!
— Aujourd'hui que la faute est tout entière d'elle,
Que son caprice a seul causé notre querelle,
Qu'à me blesser elle a paru se divertir,
Elle attend fièrement mon humble repentir!
Certes, je ne crois pas me créer de fantômes
En voyant là pour moi de funestes symptômes:

Ce procédé nouveau, cette étrange rigueur
Est-ce coquetterie, ou fatigue du cœur?
Notre bonheur pour elle aurait-il moins de charmes,
Et pour l'assaisonner lui faudrait-il mes larmes?
Ou plutôt, lasse enfin de ce trop long amour,
Espère-t-elle ainsi me lasser à mon tour,
Cherchant à dénouer ce qu'elle n'ose rompre?
— Chère union que rien ne devait interrompre!...
Mais, s'il en est ainsi, pourquoi m'avoir laissé
Remplir mon pauvre cœur de ce rêve insensé?
Que ne me disiez-vous : « Ce n'est qu'une aventure!... »
— Non! je la calomnie et je lui fais injure!
Non! notre liaison n'est pas pour elle un jeu;
Elle sait que je suis son époux devant Dieu,
Et je la haïrais de s'être abandonnée
Sans croire à tout jamais fixer sa destinée.
Que signifie alors ce silence?...

LE DOMESTIQUE, *posant une lettre sur un guéridon près de la porte du fond.*

Voilà.

Il sort.

PAUL, *prenant la lettre.*

Enfin! j'étais bien sûr... Ce n'est pas de Léa!...

Il froisse la lettre et la jette au loin.

Ah! femme sans pitié, femme comme les autres!
Juste ciel! quels orgueils féroces que les vôtres!
Le dernier mot pour vous, en fait de voluptés,
Ce sont nos désespoirs, nos pleurs, nos lâchetés...
Eh bien, vous n'aurez pas, madame, cette joie :
Non, non, je n'irai pas vous offrir votre proie!
Je t'attends, dusses-tu ne jamais revenir;
Et, s'il faut m'arracher jusqu'à ton souvenir,
Je me l'arracherai tout vivant des entrailles,
Sans te laisser rien voir des douleurs que tu railles.

SCÈNE II.

PAUL, MICHEL FORESTIER.

FORESTIER.

Bonjour, Paul.

PAUL.

Bonjour, père.

FORESTIER, l'examinant.

Oh! oh! l'œil éclatant,
La lèvre frémissante et le nez palpitant...
Qu'as-tu, donc?

PAUL.

Je n'ai rien... Seulement je travaille,
Et, depuis ce matin, je ne fais rien qui vaille.

FORESTIER, s'approchant du tableau.

Voyons donc. — Un peu mou, ce Milon, un peu mou...
Roidis-moi donc ces bras et gonfle-moi ce cou;
Autrement, de son chêne il n'aura que l'écorce.
Il faut rendre l'effort, tu ne rends que la force.

PAUL.

Ah! père, je n'aurai jamais cette vigueur
Qui t'a fait surnommer Michel-Ange.

FORESTIER.

Blagueur!
Je m'appelle Michel, et quand on ajoute Ange,
C'est qu'on croit me gratter où cela me démange.
— Quoi qu'il en soit, jeune homme, écoute le barbon;
Le conseil du sculpteur pour le peintre est très-bon.
L'étroite parenté de ces arts qu'on divise
Des maîtres d'autrefois était si bien comprise,

Qu'ils ne pratiquaient pas l'un sans l'autre. A présent
Que le double fardeau nous serait trop pesant,
Mettons-nous deux, mon fils, pour le porter ensemble,
Et serrons-nous la main aussitôt qu'elle tremble.

PAUL.

La tienne n'a jamais tremblé, j'en suis certain.

FORESTIER.

Qu'en sais-tu?

PAUL.

Vieux dompteur du marbre et de l'airain,
Je comprends à céder que tu les habitues:
Ton âme est d'un métal plus dur que tes statues.
— Nous prouvons tous les deux, chacun à notre plan,
Combien le caractère a de part au talent.
Ta nature naïve, énergique et carrée,
Répand sa certitude en tout ce qu'elle crée;
La mienne, violente et débile à la fois,
Dans mon œuvre inégale éclate en vingt endroits...

FORESTIER.

Au lieu de chercher noise à ta franche nature,
Du bon Pygmalion médite l'aventure.
Ce qu'enseignaient les Grecs sous ce mythe charmant,
Notre argot d'atelier l'enseigne plus crûment,
Et l'on peut parier, quand une œuvre est ratée,
Que l'auteur n'aimait pas assez sa Galatée.
Mon cher, on ne sert pas deux maîtres à la fois;
A ton âge, sentant qu'il fallait faire un choix,
J'avais aux voluptés déclaré le divorce,
J'étais chaste, et c'est là le secret de ma force.

PAUL, souriant.

La recette n'est pas sans quelque austérité.

FORESTIER.

Non, car le mariage est une chasteté.
Je n'entends pas bannir les tendresses humaines;
Seulement, je les veux profondes et sereines;
Je veux qu'au travailleur servant de réconfort,
Au lieu d'être un orage, elles lui soient un port.
Laisse aux gens de loisir, laisse aux cervelles creuses
Les plaisirs énervants et les amours fiévreuses...

PAUL.

Mais où prends-tu que moi...?

FORESTIER.

Parbleu! c'est bien obscur!
Je ne sais pas comment tu vis, mais j'en suis sûr :
Je n'ai qu'à consulter ici la moindre toile
Pour que ton existence à mes yeux se dévoile.
Lorsque l'on voit Samson tondu, qu'est-il besoin
D'en demander plus long? Dalila n'est pas loin.
Gageons que ce matin... Tu rougis? plus de doute.
— Il est temps, mon ami, que tu changes de route :
Le désordre au talent est mauvais compagnon.
Encor s'il t'apportait du bonheur! Mais non!

PAUL.

Non!

FORESTIER.

Tu dois toujours avoir affaire à des mignonnes
Qui ne se doutent pas de ce que tu leur donnes...

PAUL.

Oh! non!

FORESTIER.

Qui sans respect pour toi ni ton travail,
Te tourmentent le cœur du bout de l'éventail...

PAUL.

Qui tiennent à victoire, à triomphe suprême
De faire un idiot de l'homme qui les aime...

FORESTIER.

Et qui, ce résultat une fois obtenu,
Ne voyant plus en lui que le premier venu,
Le plantent là gaîment et sans lui crier gare...
Quand on ne lui plaît plus, cette engeance est barbare.

PAUL.

Oui, la pitié n'est pas sa première vertu,
C'est une vérité!... Mais comment le sais-tu?

FORESTIER.

Oh! ce n'est pas par moi, comme bien tu peux croire:
Mais j'ai vingt fois été témoin de cette histoire,
Et je ne voudrais pas l'être ici.

PAUL.

Dors en paix!
J'entrevois qu'à me croire aimé je me trompais;
Quand j'en serai certain, cher père, je te jure
Qu'en huit jours le dédain fermera ma blessure.

FORESTIER.

Bien vrai?

PAUL.

Peut-on aimer quand on n'estime plus?

FORESTIER.

Hé! hé! cela se voit.

PAUL.

Chez les gens dissolus!

FORESTIER.

Ma foi... la question n'est pas approfondie.
L'amour par le mépris est une maladie

Dont le diagnostic échappe aux médecins,
Et qu'on voit s'attaquer même à des cœurs bien sains.
Elle n'y dure pas, c'est tout ce qu'on peut dire.

PAUL.

Je plains les gens soumis à ce honteux martyre.
Pour moi, ce n'est pas long quand j'aime par erreur,
Tu verras.

FORESTIER.

De quel monde est-elle?

PAUL.

Du meilleur,
Comme on dit.

FORESTIER.

De celui chez qui la bienséance
De tous les sentiments énerve la puissance.
Les grandes passions y sont un embarras
Dont on s'amuse un jour, dont on est bientôt las.

PAUL.

Eh bien, ma liaison en est à la fatigue.

FORESTIER.

Quand tu seras sorti de cette sotte intrigue,
Promets-moi de ne plus t'engager follement.

PAUL.

Je te le jure bien!

FORESTIER.

Je reçois ton serment.

SCÈNE III.

LES MÊMES, ADOLPHE.

Pendant toute cette scène, Paul fait sa palette.

ADOLPHE, *sur la porte, s'annonçant lui-même.*

Adolphe de Beaubourg!

FORESTIER.

Te voilà, bon apôtre?

ADOLPHE.

Messieurs Forestier père et fils, je suis le vôtre.

FORESTIER.

Votre quoi, cher loustic?

ADOLPHE.

Votre humble serviteur.
Disciple, condisciple, — et qui plus est...

Ramassant la lettre que Paul a froissée à la première scène.

Facteur!

A Paul.

Tu perds tes lettres.

PAUL, *prenant la lettre des mains d'Adolphe.*

Tiens, c'est vrai. Timbre de Nice.

FORESTIER.

C'est de Reynal?

Paul, tout en lisant, fait signe que oui.

ADOLPHE.

Comment va-t-il, ce bon Maurice?

PAUL.

Pas bien, mais toujours gai.

ADOLPHE.

C'est bon! j'irai le voir.

FORESTIER.

Et quand?

ADOLPHE.

Je viens vous dire adieu, je pars ce soir.

PAUL.

Tu pars?

ADOLPHE.

Je m'expatrie.

FORESTIER.

Où vas-tu?

ADOLPHE.

Par le monde,
Au hasard, devant moi.

FORESTIER.

Sans but?..

ADOLPHE.

Je vagabonde.

FORESTIER.

La curiosité t'a mordu?

ADOLPHE.

Non, ma foi!
C'est le spleen.

FORESTIER.

Hein? Le spleen?... Un gaillard comme toi?
Envers qui de ses dons le ciel fût-il moins chiche?
Voyons, de bonne foi : n'es-tu pas presque riche,
Presque beau, presque noble, et presque artiste encor?
Que te faut-il de plus, ô bijou presque en or?

ADOLPHE.

Vous voulez le savoir?

FORESTIER.

Si cela peut se dire.

ADOLPHE.

Ah! mon Dieu, mon état n'en deviendra pas pire.
Vous m'avez toujours pris pour un fin garnement,
Pour un homme à succès, un Lauzun?

FORESTIER.

Non, vraiment.

ADOLPHE.

Vous m'étonnez. J'avais pourtant des réticences,
De petits airs discrets, des demi-confidences
Qui devaient sur mon compte éveiller le soupçon.

FORESTIER.

Je n'y prenais pas garde.

ADOLPHE

Et vous aviez raison,
Car je n'ai de ma vie eu de bonne fortune,
— Aucune, entendez-vous, ce qui s'appelle aucune! —
Et mes témérités, hors du corps de ballet,
Ne m'ont jamais valu qu'opprobre et camouflet.

FORESTIER.

Tu t'adressais peut-être à des vertus ferrées?

ADOLPHE.

Non! je ne m'attaquais qu'aux femmes séparées.

PAUL.

A madame de Clers, entre autres...

ADOLPHE.

Tu l'as su?

FORESTIER.

Quoi! Léa?...

ADOLPHE, à Paul.

Qui t'a dit?

PAUL, embarrassé.

Je m'en suis aperçu.

FORESTIER, à Adolphe.

Vous avez eu grand tort, très-grand tort, d'entreprendre
Dans ma famille...

ADOLPHE.

Mais...

FORESTIER.

Je n'y veux pas d'esclandre.

ADOLPHE.

Mais madame de Clers ne vous est rien!

FORESTIER.

D'abord
Ma pupille est sa nièce ou peu s'en faut...

ADOLPHE.

D'accord;
Mais, n'étant pas parent vous-même de Camille...

FORESTIER.

Depuis que je lui sers de père, elle est ma fille;
Mon cœur entre elle et Paul a dû se partager,
Et qui lui tient de près ne peut m'être étranger.
D'ailleurs, de la famille étendant le domaine,
Je l'ai toujours comprise à la façon romaine,
Et je compte pour miens, dans cette acception,
Tous ceux qui sont tombés sous ma protection.
Or, madame de Clers est de ma clientèle,
Et vous devez savoir ce que j'ai fait pour elle.
Quand elle eut obtenu devant le tribunal
La séparation contre un mari brutal,

Après l'avoir au cours du procès soutenue,
C'est moi qui dans le monde encor l'ai maintenue,
Couvrant de mon honneur et de mes cheveux blancs
Ce qu'offrait son état de prise aux malveillants.

ADOLPHE.

Vous serez donc toujours vif comme le salpêtre?

FORESTIER.

Oh! je ne prends jamais quatre chemins...

ADOLPHE.

Non, maître!...
Pas même un quelquefois... Comme le sanglier,
Vous aimez à donner à travers le hallier.
Si vous aviez daigné prendre un peu patience,
Vous auriez vu qu'ici, seigneur, en conscience,
Vous aviez plutôt lieu de vous apitoyer
Que de me dire *vous* et de me rudoyer;
Car Léa m'a reçu plus mal, s'il est possible,
Que les autres.

FORESTIER.

J'en suis charmé.

ADOLPHE.

Je suis sensible
A la part...

FORESTIER.

Reprenons le fil de ton discours.

Lui tapant gaiement sur l'épaule.

Tu ne fus donc jamais heureux dans tes amours?

ADOLPHE.

Jamais, je vous l'ai dit et je vous le répète...
Hors du corps de ballet, où le bonheur s'achète.
Or, je suis possédé d'un bien autre idéal!
C'est ridicule à dire avec l'air jovial,

Tant pis! mon ver rongeur, mon épine incarnée,
C'est d'ignorer l'amour d'une femme bien née.

PAUL, amèrement.

Te préserve le ciel d'un tel bonheur!

ADOLPHE.

Hélas!
Il m'en préserve assez, ne l'excite donc pas!
— Tant que j'ai conservé l'espoir d'une revanche
J'ai gardé mon secret; aujourd'hui, je m'épanche.

FORESTIER.

Tu n'as plus d'espoir?

ADOLPHE.

Non!

FORESTIER.

Pourquoi?

ADOLPHE.

J'ai découvert
Quelle fatalité près des femmes me perd;
Ce qui me manque...

FORESTIER.

C'est?

ADOLPHE.

Vous le savez de reste!

FORESTIER.

Je t'assure que non.

ADOLPHE.

Serais-je trop modeste,
Et me condamnerais-je un peu trop aisément?
Ah! tirez-moi d'angoisse, et dites franchement
Si la poutre que j'ai dans l'œil n'est qu'une paille!

FORESTIER.

Voyons.

ADOLPHE.

On m'a dit hier un mot qui me travaille.
Une danseuse à qui j'offrais... un fort emprunt,
M'a répondu : « Merci, vous êtes trop commun. »
La réponse d'abord m'a semblé saugrenue;
Mais sur le traversin elle m'est revenue;
J'ai fait mon examen à travers ce lorgnon,
Et j'ai cru trouver là la clef de mon guignon.
Me trompé-je? Tranchez la question, cher maître.

FORESTIER.

Je ne me pique pas de beaucoup m'y connaître.

ADOLPHE.

Suffit! je suis jugé. Rejet de mon pourvoi.

FORESTIER.

Je ne dis pas cela.

ADOLPHE.

Mais je vous le dis, moi!
De la vulgarité je porte l'estampille;
Oui, de la tête aux pieds, homme de pacotille!
Et j'ai passé trente ans sans m'en apercevoir!
A quoi donc, animal, te servait ton miroir?
— Je pars, je vais cacher dans un pays sauvage...

PAUL.

Ne te condamne pas sur un seul témoignage.

ADOLPHE.

Il est conforme au mien : commun, commun, commun!

FORESTIER, à Paul.

S'il ne peut-être heureux à moins d'être Lauzun,
Laisse-le voyager : le changement de place

Va nous le transformer soudain en Lovelace.

A Adolphe.

En route, et bonne chance, ami.

ADOLPHE.

Vous êtes gai!

FORESTIER.

Non : que te manque-t-il? D'avoir l'air distingué;
Les étrangers l'ont tous à Paris, c'est notoire;
Donc, nous l'avons chez eux, je me plais à le croire.
Dès qu'on a de l'accent, on a le ton exquis;
Tu parles allemand aussi mal qu'un marquis!

ADOLPHE.

Pour le moins! Je comprends!

FORESTIER.

Tu deviens excentrique:
Ton gros nom même exhale un parfum exotique...

ADOLPHE, se carrant.

Adolphe de Beaubourg, gentilhomme français.

FORESTIER.

Et tu parcours le monde en volant des succès.

ADOLPHE.

Vous m'ouvrez l'horizon, vous me versez du baume!
Je pars, mais cette fois en quête d'un royaume!
J'ai trouvé ma carrière et n'en veux plus changer.
Seigneur! Je m'établis gentilhomme étranger!
Adieu, maître, et merci!

FORESTIER.

Camille!

SCÈNE IV.

LES MÊMES, CAMILLE.

CAMILLE, présentant son front à Forestier.

Bonjour, père.
Paul me pardonnera d'entrer au sanctuaire...

ADOLPHE, la saluant.

Mademoiselle! — Adieu, mes chers maîtres!

FORESTIER.

Adieu,
Bassompierre!

PAUL.

Lauzun!

FORESTIER.

Buckingham!

ADOLPHE, modestement

Richelieu!...

Il sort

SCÈNE V.

LES MÊMES, hors ADOLPHE.

FORESTIER.

Bon voyage!

CAMILLE.

Où va-t-il?

FORESTIER.

Il part à la poursuite
De la distinction.

CAMILLE, souriant.

Reviendra-t-il?

FORESTIER.

Petite,
Est-ce la charité qu'on enseigne au couvent?

CAMILLE.

Bah! les jours de sortie!...

FORESTIER.

On sort si peu souvent!
— Voyons, Paul, quelle fête allons-nous bien lui faire?

CAMILLE.

Je me contenterai de ma fête ordinaire;
Vous m'accompagnerez chez ma tante Léa...

FORESTIER.

Et nous y dînerons tous les quatre en gala.

PAUL.

Impossible.

CAMILLE.

Oh! pourquoi?

PAUL, contraint.

Je suis d'une partie
Avec quelques amis...

CAMILLE.

Fi! mon jour de sortie!

PAUL.

Je ne sais où j'avais l'esprit en m'engageant.

FORESTIER.

Tu ne m'en as rien dit!

PAUL.

Je suis si négligent!

FORESTIER.

Le diable soit de toi!...

CAMILLE.

Je ne suis pas contente.

FORESTIER.

La pourras-tu du moins conduire chez sa tante?

PAUL.

Moi! chez...?

FORESTIER.

Et pourquoi pas?

PAUL.

Je ne sais s'il convient...

FORESTIER.

Bah! Marthe est occupée, et ma goutte me tient.

CAMILLE.

Ne le dérangeons pas; Firmin peut me conduire.

FORESTIER, *avec mauvaise humeur.*

Alors!...

PAUL, *vivement.*

Il est sorti!

FORESTIER, *souriant.*

Tu crois?...

CAMILLE, *à Forestier.*

Qui vous fait rire?

FORESTIER.

Rien Va t'habiller, Paul, pour remplacer Firmin.

PAUL, *à part.*

Léa saura du moins qu'on m'a forcé la main.

Il sort par la gauche.

SCÈNE VI.

CAMILLE, FORESTIER.

CAMILLE.

Pauvre Paul, la corvée a l'air de lui déplaire.

FORESTIER.

Qu'imagines-tu là? Je suis sûr du contraire...

Tu demandais pourquoi je souriais? C'était
Que Firmin est en bas, et que mon fils mentait.

CAMILLE.

Tiens! dans quel but?

FORESTIER.

Parbleu! de peur que la corvée
Par ce vieux serviteur ne lui fût enlevée!
Tu vois bien, chère enfant, qu'il se plaît avec toi.
Cela te fâche-t-il?

CAMILLE.

Oh! non, certes!

FORESTIER.

Ni moi.

CAMILLE.

Mais pourquoi ce détour bizarre?

FORESTIER.

Je suppose
Qu'il n'osait laisser voir... Hum! parlons d'autre chose.
— Tu dois bien avoir fait quelque réflexion
Sur les difficultés de ta position?

CAMILLE.

Quelles difficultés?

FORESTIER.

N'es-tu pas orpheline?

CAMILLE.

O mon père!

FORESTIER.

Devant ce doux mot je m'incline,
Et je rends grâce à Dieu qu'il t'ait jailli du cœur.
Il faut songer pourtant, malgré cette douceur,
Que ma triste maison, sans mère de famille,
N'est pas un lieu séant pour une jeune fille.

CAMILLE.

Sans doute.

FORESTIER.

D'autre part, tu ne peux, mon enfant,
Passer toute ta vie au fond de ton couvent.

CAMILLE.

Et je n'en peux sortir que le jour de ma noce...
J'ai compris tout cela dans mon bon sens précoce.
Quelle difficulté voyez-vous là?

FORESTIER.

Parbleu...!
De trouver un parti sans te produire un peu.

CAMILLE.

Trouver?... Eh bien, et Paul?

FORESTIER.

Paul?...

CAMILLE.

Dans votre pensée,
N'ai-je pas de tout temps été sa fiancée?

FORESTIER.

Moi qui la préparais et cherchais des détours!
Comme le cœur va droit, que ses chemins sont courts!
Oui, tu m'as deviné, ma Camille chérie;
Vous marier tous deux est le but de ma vie,
Et je ne forme pas de plus ardent souhait
Que de me voir ainsi ton père tout à fait.
Ce fut le dernier vœu de ta mère mourante
Quand elle me légua ton enfance ignorante:
C'est le dernier espoir de mes vieux ans.

CAMILLE.

L'espoir
Seulement? Quel obstacle y peut-il donc avoir?

Vous ordonnez, et, moi, je suis obéissante.
Reste Paul...

FORESTIER.

Reste, Paul.

CAMILLE.

Doutez-vous qu'il consente?

FORESTIER.

Non, mais encor faut-il l'avertir.

CAMILLE.

Et de quoi?
Soyez sûr qu'il vous a deviné comme moi.

FORESTIER.

T'aurait-il parlé?

CAMILLE, passant son bras sous celui de Forestier.

Non; mais nos cœurs dans le vôtre,
Pour ne s'entendre pas, sont trop près l'un de l'autre.
Hélas! nous marier à des étrangers, nous?
Serait-ce pas un peu nous séparer de vous?

FORESTIER.

Eh bien, oui, je te crois, cher trésor, cher oracle!
Oui, je vous aime tant, que ce serait miracle
Si vos deux cœurs unis dans ce foyer commun
Ne s'étaient pas fondus jusqu'à n'en faire qu'un.
O mes enfants! en vous, c'est mon âme qui vibre!

CAMILLE.

Quand nous marîrez-vous?...

FORESTIER.

Dès que Paul sera libre...
Je veux dire qu'il a des travaux sur les bras,
Qui le mettent pour l'heure en certain embarras:
Mais, dès qu'il en sera sorti, j'ai sa parole
Qu'il n'acceptera plus de besogne aussi folle.

Prêtant l'oreille.

Il vient.

CAMILLE, vivement.

Je le rejoins.

FORESTIER.

Pas un mot!

CAMILLE.

Je crois bien!
Ce serait à ne plus retrouver un maintien.

Elle sort par la gauche.

SCÈNE VII.

FORESTIER, seul.

Camille a fait passer en moi sa confiance.
Oui, tout tournera bien... Mais, morbleu! quelle chance
Que mon fils ne soit pas sérieusement pris!
Que devenait Camille, en ce cas? J'en frémis.
Je la connais, l'enfant! sous sa grâce légère,
C'est le cœur immuable et grave de sa mère;
Un de ces cœurs profonds, tranquilles, absolus,
Qui, donnés une fois, ne se reprennent plus!
— O maîtresse de Paul, qui que tu sois, gaillarde
Dont la conquête est plus facile que la garde,
Je te bénis! — Mon fils va rentrer au bercail,
Et l'ordre reviendra, ramenant le travail...
C'est que Paul est à l'heure où l'avenir se joue,
Où le talent en fleur coule, s'il ne se noue!

S'approchant du tableau.

Voilà des qualités de maître, et, tout auprès,
Des fautes d'écolier qu'il semble faire exprès,
L'animal! Ce Milon fait un gros dos de chatte...

Prenant la palette et les pinceaux de Paul.

Attends un peu, je vais te muscler l'omoplate!

Tout en peignant.

Sans rien dire, je t'ai plus d'une fois déjà...

La porte de droite s'ouvre, Léa paraît et entre sur la pointe du pied, remettant la clef dans sa poche.

SCÈNE VIII.

LÉA; FORESTIER, *derrière le tableau.*

LÉA, *ôtant son chapeau et le mettant sur la table.*

Puisque tu ne viens pas, c'est moi qui viens!...

FORESTIER, *se montrant.*

Léa!

LÉA.

Son père!

FORESTIER.

Vous, Léa!...

LÉA.

Par pitié!...

FORESTIER.

Je vous jure
Que je suis plus troublé que vous de l'aventure.
En cherchant à qui Paul pouvait s'être engagé,
Vous êtes la dernière à qui j'eusse songé!
Mes services valaient une autre récompense
Que d'arracher mon fils à sa vraie existence.

LÉA.

Ah! vous me méprisez, monsieur...

FORESTIER, *après une hésitation.*

Eh! mon Dieu, non!
Car, si faute jamais fut digne de pardon,
C'est la vôtre, pauvre âme à son début blessée,
Par le bonheur légal trahie et repoussée,

A qui le sort mauvais, pour l'empêcher de choir,
N'a pas même laissé l'obstacle du devoir.

LÉA.

Ah! que vous êtes bon de parler de la sorte!
Comme votre parole est douce, et réconforte!
Elle sait relever, par sa seule vertu,
Le front baissé non moins que le cœur abattu.
Que m'importent l'estime et l'amitié des autres,
Pourvu que, dans ma chute, il me reste les vôtres?

FORESTIER.

C'est peu de mon estime et de mon amitié,
Pauvre enfant; joignez-y ma profonde pitié.

LÉA.

De la pitié? Mais non, je ne suis plus à plaindre,
N'ayant plus désormais votre mépris à craindre.
L'effroi dont mon bonheur était empoisonné,
C'était par vous un jour de se voir condamné.

FORESTIER.

Hélas! ce n'est pas moi de qui l'arrêt émane :
Mais une loi fatale à périr le condamne.

LÉA.

Le condamne? et pourquoi?

FORESTIER.

Parce que votre époux
Vous tient rivée, encor qu'il n'ait plus droit sur vous,
Et que vous ne pouvez faire à mon fils la vie
A laquelle la loi du monde le convie.

LÉA.

Ah! tant qu'il m'aimera, Paul n'aura pas besoin...

FORESTIER.

Tant qu'il vous aimera, c'est justement le point!

Car l'amour, n'étant pas éternel par essence,
S'éteint avec l'ardeur qui lui donna naissance
Quand la paternité, son complément divin,
Ne vient pas le doubler d'un sentiment sans fin.
— C'est la force et l'honneur de ce vieux mariage
Que seul il peut forger ce solide alliage,
Et qu'en dehors de lui les enfants, s'il en vient,
N'étant qu'à l'un des deux, ne sont pas un lien.
— Ah! si vous étiez libre aujourd'hui, sur mon âme,
Je ne chercherais pas à Paul une autre femme,
Et je renoncerais à des projets bien doux,
Certain de l'avenir, s'il était votre époux...
Bien que d'un an ou deux, je crois, étant l'aînée,
A vieillir avant lui vous soyez destinée;
Mais il n'importerait alors, car les parents
Ont un âge commun, celui de leurs enfants:
Tandis que...

LÉA.

Achevez donc! Croyez-vous que j'ignore
Que, dans dix ans d'ici, Paul sera jeune encore,
Et que je serai vieille, et qu'il me quittera?

FORESTIER.

Non! vous le garderez, mais il vous haïra.

LÉA.

Jamais! le jour venu de la triste échéance,
Je m'exécuterai sans vaine doléance,
Et je le pousserai vers ses destins meilleurs,
Le sourire à la lèvre et refoulant mes pleurs.
— J'expîrai durement alors ces dix années;
Mais j'en conserverai du moins les fleurs fanées,
Et, dans la solitude où mon sort doit finir,
Mon cœur s'entretiendra de leur cher souvenir.

FORESTIER.

Quand on récapitule en approchant du terme,
Croyez-moi, ce qui compte et nous rend le cœur ferme,
Ce qui mérite seul d'échapper à l'oubli,
Ce n'est pas le bonheur, c'est le devoir rempli.

LÉA.

Mais je n'ai de devoirs, hélas! envers personne.

FORESTIER.

Toute position, bonne ou mauvaise, en donne...
D'autant plus grands peut-être et d'autant plus ardus,
Quand ils sont le rachat des bonheurs défendus.
— Le vôtre est, envers Paul, de traverser sa vie
Comme un bon ange, et non comme un mauvais génie,
Et de n'attendre pas pour vous en effacer
Qu'il ait passé le temps de la recommencer.

LÉA.

Rompre... à présent?

FORESTIER.

Oui!

LÉA.

Non! c'est trop! non! je résiste!
Votre amour paternel devient trop égoïste.

FORESTIER.

Comme tous les amours absolus.

LÉA.

Et le mien,
N'a-t-il pas droit de l'être aussi?

FORESTIER, tristement.

Je le vois bien.

LÉA.

Vous êtes étonnants, vous autres! Qu'on réclame
Un sacrifice amer, c'est toujours à la femme!

C'est notre lot, à nous, que l'abnégation!
Pour l'homme, il ne saurait en être question!...

FORESTIER.

Le vieillard qui vous parle ici de sacrifice
En a, jusqu'à la lie, épuisé le calice
Pour ce même garçon que nous aimons tous deux...
Mais que j'aime bien plus et, j'ajoute, bien mieux.

LÉA.

Plus et mieux, dites-vous? Ah! je vous en défie!

FORESTIER.

Je mesure l'amour à ce qu'il sacrifie!
J'ai renoncé, — de là mes premiers cheveux blancs, —
Non aux plaisirs toujours menacés et tremblants
De cette liaison qui rougit et se cache,
Mais aux félicités sans nuage et sans tache
D'une union bénie au grand jour, à l'autel,
Avec un cœur profond et pur comme le ciel,
La mère de Camille, enfin, votre cousine.

LÉA, s'inclinant.

Une sainte, en effet,... noble et douce Pauline!
Mais je cherche quel mal eût fait à votre fils?...

FORESTIER.

Ah! les cœurs des enfants ont d'étranges replis
Paul avait en silence appris cette nouvelle,
Mais le chagrin couvait dans sa jeune cervelle;
Il était taciturne, il perdait l'appétit;
Puis la fièvre survint, le délire le prit...
Un soir, je le veillais avec ma pauvre amie,
Sans comprendre son mal, inquiet pour sa vie,
Quand tournant tout à coup ses yeux hagards vers moi :
« Eh bien, quand chasses-tu ma mère de chez toi? »

J'eus le cœur traversé par un éclair rapide;
La place que j'offrais, pour lui n'était pas vide!
J'allais répudier le souvenir vivant
Qu'il entourait encor d'un culte si fervent,
J'allais me séparer de lui sur cette tombe...
— Ah! les cruels combats où le plus fort succombe!
Mais Pauline, voyant mon courage faiblir,
Épousa mon devoir et me le fit remplir.

LÉA, la tête basse.

Vous pouvez, en effet, parler de sacrifice.

FORESTIER.

De récompense aussi, madame, et de justice!
Quand je vivrais cent ans, non! je n'oublirais pas
De quel élan mon fils se jeta dans mes bras.
Si vous pouviez savoir quelle âcre jouissance,
C'est de voir ceux qu'on aime heureux par sa souffrance!

LÉA.

S'il devait être heureux par la mienne, ah! croyez
Que j'irais de ce pas la mettre sous ses pieds.
Ne parlons plus de moi, monsieur, je m'abandonne,
Je suis vaincue et prête à tout ce qu'on m'ordonne;
Mais, si ce n'est plus moi que je défends, c'est lui.
Ne souffrira-t-il pas de me perdre?...

FORESTIER.

Aujourd'hui,
Certes; mais je suis sûr que, vous ayant pleurée,
Son deuil ne sera pas d'éternelle durée.

LÉA.

Est-ce donc pour cela qu'il ne revenait pas?
D'une explication fuyait-il l'embarras?
Soyez franc : il vous a chargé de la rupture!

FORESTIER.

Non, madame; j'agis de mon chef, je le jure.

LÉA.

Alors, où prenez-vous que Paul ait moins d'amour?
Moi, je vous dis qu'il m'aime autant qu'au premier jour,
Et qu'à nous séparer votre fausse prudence
Le mène au désespoir, non à la délivrance!
Encore un coup, ce n'est pas moi que je défends!
Mais je suis et serai sa vie encor longtemps;
Dans un an, dans deux ans, vous en auriez la preuve...

FORESTIER.

Il ne me faudrait pas une si longue épreuve.

LÉA.

En voulez-vous faire une, et, s'il en sort vainqueur,
Me reconnaîtrez-vous quelques droits sur son cœur?

FORESTIER.

Oui... si vous acceptez une épreuve réelle.

LÉA.

Ah! quelle qu'elle soit je l'accepte et l'appelle.
Votre consentement à mon pauvre bonheur,
Ce serait mon pardon et presque mon honneur!
Que faut-il que je fasse? En vos mains je me livre.

FORESTIER.

Partez...

LÉA.

Oui!...

FORESTIER.

De façon qu'il ne puisse vous suivre,
Qu'il ne puisse trouver la trace de vos pas,
Sans lui dire adieu...

LÉA.

Quoi!...

FORESTIER.

Vous ne partiriez pas.

LÉA.

Que va-t-il supposer, mon Dieu ! que va-t-il croire ?

FORESTIER.

Rien, je n'en doute pas, qui soit à votre gloire ;
Mais notre épreuve est là ; sans un malentendu
Comment pourrait-il croire à son bonheur perdu ?
S'il n'y croit pas, comment pourrons-nous reconnaître
Quelle place occupait ce bonheur dans son être ?
C'est seulement alors qu'il se change en douleur
Qu'on peut d'un sentiment juger la profondeur.

LÉA.

Mais combien durerait l'exil ? quand reviendrais-je ?

FORESTIER.

Je vous rappellerais.

LÉA.

Vous ?...

FORESTIER.

Ce n'est pas un piége.

LÉA.

Vous pardonnera-t-il ?

FORESTIER.

Ah ! ma pauvre Léa !
Ce n'est pas lui, je crois, que vous défendez là !

LÉA.

J'ai peur !

FORESTIER.

Vous doutez donc que vous soyez sa vie ?
Alors, madame...

LÉA, sombre.

Alors, rien ne me justifie.
Je pars demain !

FORESTIER, l'attirant dans ses bras.

Merci !

Elle éclate en sanglots sur sa poitrine.

Courage, mon enfant !
La douleur élargit les âmes qu'elle fend.

ACTE DEUXIÈME

Le salon de Forestier, mobilier riche et artistique, porte au fond, porte latérale.

SCÈNE PREMIÈRE.

PAUL, CAMILLE, FORESTIER.

Paul est en train de faire le portrait de Camille au pastel. Il travaille sur ses genoux. Camille est assise en face de lui, et pose. Forestier est derrière Paul et le regarde faire.

PAUL, *à son père.*

Elle a des tons nacrés qui font mon désespoir.

CAMILLE.

C'est donc laid ?

FORESTIER.

Non, madame...

PAUL, *à Camille qui se lève.*

Eh bien?

CAMILLE.

Je voudrais voir.

PAUL, *cachant le portrait.*

Pas encore... Voyons, modèle, à cette pose !

CAMILLE.

Que je me sois levée au moins pour quelque chose.

Elle lui renverse la tête et l'embrasse au front.

PAUL.

En place !

CAMILLE, allant se rasseoir.

Après trois mois! ces maris, quels tyrans!

FORESTIER.

Trois septembre, oui.

CAMILLE.

Trois mois!

PAUL.

Silence dans les rangs.

CAMILLE.

Pas parler?

PAUL.

Non... je tiens cette bouche vermeille.

CAMILLE.

Mais écouter? je peux?... Tu ne tiens pas l'oreille?

PAUL.

Tu peux.

CAMILLE, à Forestier.

Racontez-moi des nouvelles, papa.

FORESTIER.

Lesquelles?

CAMILLE.

Comment va le procès de Léa?

FORESTIER.

Il va... mais sa fortune y court grosse aventure.
L'héritier du mari nous fait une ouverture
Qui vaut mieux, selon moi, qu'un procès incertain,
Et pour en conférer je l'attends ce matin.

PAUL.

Et Léa? Tu ne peux rien conclure sans elle.

FORESTIER.

Ma dernière dépêche en hâte la rappelle.

CAMILLE, se levant.

Mais d'un moment à l'autre alors on va la voir?
Quel plaisir! qu'en dis-tu, Paul?

PAUL.

Qu'il faut te rasseoir.

CAMILLE.

Ce flegme!

PAUL.

Son retour n'a rien qui me remue.

CAMILLE.

Pauvre tante! cinq mois que nous ne l'avons vue!

PAUL.

Elle ne manquait pas à mon bonheur.

CAMILLE.

Eh bien,
Tant pis pour vous, monsieur : elle manquait au mien.

FORESTIER.

Je le croyais complet?

CAMILLE.

Non! je n'avais personne
A qui le raconter.

FORESTIER.

Bien répondu, mignonne;
Mais crois-tu que ce soit un récit très-pressant
Lorsque son deuil de veuve est encor si récent?

CAMILLE.

Son mari, disait-on...

FORESTIER.

Elle avait à s'en plaindre;
Mais tout ressentiment par la mort doit s'éteindre.
Ne lui raconte rien, crois-moi : les bonnes gens
N'étalent pas leur luxe aux yeux des indigents.

PAUL.

Des sensibilités à ce point délicates
Chez madame de Clers? Je crois que tu la flattes;
Elle me fait l'effet d'une tête à l'évent
Qui se soucie autant d'un mort... que d'un vivant.

CAMILLE.

C'est l'âme la plus noble et la plus généreuse!

PAUL.

Alors, de ton bonheur elle serait heureuse.

FORESTIER, à Camille.

Dans le doute tais-toi, dit la Sagesse.

CAMILLE.

A moins
Qu'elle ne m'interroge.

PAUL.

Auquel cas, je t'enjoins,
Mon enfant, de ne pas jouer à cache-cache,
Car j'adore ma femme et je veux qu'on le sache.

FORESTIER, à Camille.

Pourquoi cette rougeur et ce front interdit?

CAMILLE.

Il vient de dire un mot qu'il n'avait jamais dit.

PAUL.

Oh! ne bouge pas...

A Forestier.

Vois comme ça se compose!
Je veux la faire ainsi... Bon! elle perd sa pose...
Je la retrouverai...

Se levant.

Va tordre à ton chignon
Ton collier de corail, pour réveiller le ton.
— Nous allons cette fois faire de bon ouvrage.

FORESTIER.

Tu veux recommencer ce portrait?

CAMILLE, qui s'est rapprochée de la chaise de Paul.

Quel dommage!
Comme j'étais flattée!... Es-tu gentil!... Merci.

PAUL.

De quoi? de te flatter?

CAMILLE.

Non... de me voir ainsi.

FORESTIER.

Tu n'es pas autrement.

CAMILLE.

Tant pis.

PAUL.

Que chante-t-elle?

CAMILLE.

Je voudrais être laide et te paraître belle.

PAUL.

Les dieux ont exaucé la moitié de vos vœux.

CAMILLE.

Mais... laquelle?

PAUL.

Allez donc arranger vos cheveux.

CAMILLE.

C'est juste... je vais être ainsi toute coiffée
Pour le Conservatoire.

PAUL.

Ah! oui!

CAMILLE.

Les chœurs d'*Orphée!*

Elle sort par la droite.

SCÈNE II.

FORESTIER, PAUL.

FORESTIER.

Ce portrait venait bien.

PAUL.

Non, c'est gauche, c'est lourd,
Cela manque d'éclat, de grâce, de contour...

FORESTIER.

Sais-tu que tu n'es plus facile à satisfaire?

PAUL.

Parce que je commence à savoir mon affaire,
Ou plutôt je commence à l'aimer.

FORESTIER.

C'est tout un.

PAUL.

Autrefois le travail était un importun
Dont je me résignais à subir la visite,
Mais que j'expédiais, bien ou mal, au plus vite :
Aujourd'hui, c'est l'ami qui vient toujours trop tard,
Qui part toujours trop tôt. — Ah! l'art, cher père, l'art!
Quel bienfait du bon Dieu! quelle admirable chose!
Comme cela soutient! comme cela repose!

FORESTIER.

Va, va! sur ce terrain, partout je te suivrai.

PAUL.

Hors de l'art rien de bon, rien de sûr, rien de vrai!
Lui seul est grand, lui seul vaut la peine qu'on vive!

FORESTIER.

Tu vas trop loin. Comment veux-tu que je te suive?

Rien qui vaille la peine?... Et la mignonne enfant
Qui rouvre notre porte au travail triomphant,
Pour quoi la comptes-tu?

PAUL.

C'est entendu, je l'aime;
Mais, comme un beau matin tu le disais toi-même,
Cette affection calme en son parfait accord,
Au lieu d'être un orage est devenue un port.

FORESTIER.

A la bonne heure. Elle est charmante!

PAUL.

Elle est parfaite,
La pauvre enfant.

FORESTIER.

Le ciel exprès pour toi l'a faite.

PAUL.

Exprès pour nous.

FORESTIER.

Comment, pour nous?

PAUL.

Oui, pour nous deux.
Conviens qu'en l'épousant j'ai comblé tous tes vœux.

FORESTIER.

Les tiens aussi, j'espère.

PAUL.

Oh! les miens cette année,
Cher père, n'étaient pas tournés vers l'hyménée.
De mes moulins à vent encore tout moulu,
Mon cœur ne demandait qu'un repos absolu.

FORESTIER.

Je ne te pressais pas, rends-moi ce témoignage;

Nous parlions vaguement, un soir, de mariage,
Souviens-t'en; je nommai Camille fort en l'air...

PAUL.

Mais son nom prononcé pour moi fut un éclair;
Je sentis dans ce cœur, mort à toute espérance,
Battre la passion de la reconnaissance,
Et, m'enthousiasmant soudain de mon devoir,
Je voulus te payer ma dette sans surseoir.

FORESTIER.

Quel devoir? quelle dette?

PAUL.

Ah! j'ai bonne mémoire;
Je n'ai pas oublié, comme tu l'as pu croire,
O le plus dévoué, le meilleur des amis,
A quelle cruauté d'enfant tu t'es soumis.
Je compris tout à coup qu'en épousant Camille,
Qu'en te donnant le droit de l'appeler ta fille,
Je renouais, autant du moins qu'il est en moi,
L'alliance rompue entre sa mère et toi,
Et je me consacrai sur l'heure à cette tâche,
Heureux de retrouver à ma vie une attache.

FORESTIER, lui serrant la main.

Mon cher fils! — Eh bien, vois comme tout finit bien :
En cherchant mon bonheur, tu rencontras le tien.
— Moi qui me figurais ta guérison complète
Quand tu me demandas la main de ma fillette!

PAUL.

Ils restent longtemps morts, vois-tu, les cœurs guéris
D'un violent amour par un coup de mépris.

FORESTIER.

Le mot est dur, voyons! soit raison, soit caprice,
Cette dame en rompant t'a rendu grand service.

PAUL.

Plus grand que tu ne crois! Si tu savais qui c'est,
Et quel piége le sort goguenard me dressait!
Ah! c'est en y songeant que je me félicite
De l'heureuse union par où je ressuscite.

FORESTIER.

Sois d'autant plus clément pour elle, mon ami.
Qui sait si dans son cœur elle n'a pas gémi,
Jugeant cette rupture à tous deux nécessaire,
Du mal que sa raison l'obligeait à te faire?

PAUL.

Allons donc! son amant n'était plus de son goût;
Elle l'a prestement planté là, voilà tout;
Et, de ce créancier redoutant la poursuite,
Elle a levé le pied et dérobé sa fuite.

FORESTIER.

J'attribûrais plutôt, moi, ce départ furtif,
Au besoin raisonné de trancher dans le vif.
— Quoi qu'il en soit, indigne ou non d'être estimée,
Souviens-toi qu'elle est femme et que tu l'as aimée.

PAUL.

Pardieu! c'est justement parce qu'il m'en souvient...
— Mais, bah! si j'ai souffert, c'est un mal pour un bien.
Qu'elle ait des procédés d'homme à bonne fortune,
C'est trop lui faire honneur que d'en garder rancune.
Mon bonheur est le fruit de son leste abandon,
Et je lui dois plutôt des grâces qu'un pardon.

SCÈNE III.

LES MÊMES, CAMILLE, précédant LÉA.

CAMILLE, à Léa.

Venez!... mon père est là!

FORESTIER, à Léa, qui entre.

Pardonnez ma surprise.

LÉA, en grand deuil, froide et triste.

Votre dépêche, au moins si je l'ai bien comprise,
M'assignait-elle pas rendez-vous, en effet,
Pour une conférence ici?

FORESTIER, la conduisant à un fauteuil.

Pas tout à fait.
Il est vrai que j'attends ici votre adversaire,
Et que votre retour devenait nécessaire;
Mais je ne voulais point vous donner l'embarras
D'assister en personne à ces tristes débats.

LÉA.

J'ai cru que rien sans moi ne vous était possible;
Et, quoi que la démarche ait en soi de pénible,
Ayant pris mon courage à deux mains pour venir,
Puisque enfin me voilà, j'aime mieux en finir.
Pour peu que l'adversaire agisse en galant homme,
Ce ne sera pas long, car ce procès m'assomme,
Et je suis prête à faire abandon de mes droits
Pour n'en entendre plus parler que cette fois.

FORESTIER.

Dans ces termes, tenez l'affaire convenue.

LÉA.

Je ne regrette pas, alors, d'être venue.

CAMILLE.

D'ailleurs, n'aviez-vous pas hâte de voir un peu
Votre nièce ?

LÉA.

Oui vraiment, ma nièce... et mon neveu.

A Paul.

Car nous voilà parents de par votre compagne,
Monsieur Paul... à la mode, il est vrai, de Bretagne,
Mais n'importe : si peu que l'on soit allié,
L'alliance est un clou qui fixe l'amitié ;
Ainsi que la noblesse elle a certain prestige :
On dirait volontiers d'elle aussi qu'elle oblige.

PAUL.

Je vous entends, madame, et j'accepte avec vous
Une obligation qui ferait des jaloux.
Mon amitié, d'ailleurs, sur l'estime fondée,
N'avait aucun besoin d'être consolidée.

LÉA, détournant les yeux et apercevant le portrait sur la table.

C'est ton portrait, Camille ?

CAMILLE.

Oui...

LÉA.

Charmant.

CAMILLE.

Il vous plaît ?
Je triomphe !

LÉA.

Comment ?

CAMILLE.

Monsieur le trouve laid !

PAUL.

A côté du modèle, oui sans doute, ma chère.

CAMILLE.

Va, moqueur!

LÉA.

Il a fait aussi le mien naguère.

PAUL.

C'était, s'il m'en souvient, un bien pauvre début.
A l'inexpérience il faut payer tribut;
J'étais jeune, et souvent jeunesse se fourvoie...
J'ai fini, grâce au ciel, par rencontrer ma voie.

FIRMIN, entrant.

Quelqu'un à qui monsieur a donné rendez-vous
Est chez monsieur.

FORESTIER.

C'est lui, madame; venez-vous?

LÉA, à part.

Il était temps!

Haut.

Allons!... Adieu, chère petite.

CAMILLE.

A demain. Je sors seule, et vous rendrai visite.

Léa sort avec Forestier.

SCÈNE IV.

PAUL, CAMILLE.

CAMILLE.

A quoi pensez-vous donc, monsieur?

PAUL, lui prenant les deux mains et les lui baisant tour à tour.

Tiens, chasteté!
Tiens, jeunesse, droiture, innocence, bonté!
Voilà tes noms à toi!

CAMILLE.

Vous oubliez tendresse.

PAUL.

Quand on songe qu'il est des cœurs dans leur espèce
Aussi parfaitement corrompus et véreux
Que le tien est intact, candide et généreux...
Mon Dieu, mon Dieu! faut-il que les hommes soient bêtes!

CAMILLE.

Comment?

PAUL.

De se donner en pâture aux coquettes,
Quand il se trouve encor des anges comme toi.

CAMILLE.

Pour qui dis-tu cela?

PAUL, souriant.

Pour des amis à moi.

CAMILLE.

Le sire de Beaubourg serait-il pas du nombre?

PAUL.

Lui? pourquoi?

CAMILLE.

Je ne sais... je lui trouve l'air sombre
Depuis son retour.

PAUL.

Tiens! je n'ai pas remarqué.

CAMILLE.

Après cela, peut-être est-ce un air distingué
Qu'il a contracté.

PAUL.

Non... quelque chose le ronge,
Ce garçon-là... c'est vrai, maintenant que j'y songe.

CAMILLE.

On le voit rarement, il est distrait, contraint;
Il semble s'exciter pour avoir de l'entrain...

PAUL.

Et, chose étrange à qui connaît le personnage,
Il ne raconte rien de son pèlerinage...
Aurait-il rencontré son malheur en chemin?
J'en aurai le cœur net: j'irai chez lui demain.

SCÈNE V.

LES MÊMES, ADOLPHE.

PAUL.

Quand on parle du loup...

ADOLPHE.

On en voit la comète.
Permettez à vos pieds, madame, qu'on se mette.
Que disiez-vous de moi? Reprenons le discours.

CAMILLE.

Que vous devenez rare ainsi que les beaux jours.

PAUL.

Et triste en même temps comme les jours de pluie.

ADOLPHE.

Je l'étais; mais voilà que le ciel se ressuie,
Je vois à l'horizon renaître le soleil...
Et viens à ce propos te demander conseil.

CAMILLE.

Suis-je de trop, messieurs?... Il faut que je m'habille,
Précisément.

PAUL.

Oui, va, ma petite Camille.

ADOLPHE.

Me pardonnerez-vous, madame?

CAMILLE.

C'est selon;
Oui, si vous êtes court; non, si vous êtes long
Mon mari me conduit au concert.

ADOLPHE.

Que je meure
Si je vous le retiens plus d'une demi-heure!

Camille sort par la droite.

SCÈNE VI.

PAUL, ADOLPHE.

ADOLPHE.

Le conseil dont s'agit est des plus délicats.

PAUL.

Je sais de quoi, mon bon, il retourne en ce cas.
Quand tu sens le besoin que ton ami t'approuve,
C'est qu'une absurdité dans ta cervelle couve.

ADOLPHE.

Ai-je jamais rien fait, ingrat, sans tes avis?

PAUL.

Oui, tu les as toujours demandés; mais suivis?
Chaque fois que ma lâche et vile complaisance...

ADOLPHE.

C'est vrai; mais cette fois je jure obéissance,
Quel que soit ton arrêt.

PAUL.

C'est donc grave?

ADOLPHE.

En un mot,

Il s'agit... Mais prenons les choses de plus haut.

Bras dessus, bras dessous, se promenant.

— Tu sais que je partis pour parcourir le monde
Et faire à l'étranger figure de Joconde?

PAUL.

Et l'exportation t'a-t-elle réussi?

ADOLPHE.

Dans les commencements, mon cher, couci-couci.
A Berlin, par exemple, une dame... encor fraîche:
Mais, tu sais... une femme enfin...

PAUL.

Qui se dépêche.

ADOLPHE.

Une Russe, à Munich, très-belle, une houri...
Mais bien moins lucrative à moi qu'à son mari.
Ainsi du reste. — Enfin...

PAUL.

Enfin?

ADOLPHE.

Ils s'asseyent.

J'étais à Vienne:
Je rencontre au *Prater* une Parisienne
Que j'avais quelque peu courtisée à Paris,
Et qui m'avait payé du plus touchant mépris.
D'un air assez penaud, en passant je m'incline;
Mais elle... appelons-la pour l'heure Caroline,
Si tu veux.

PAUL.

Je n'y vois nul inconvénient.

ADOLPHE.

Caroline rougit... rougit en souriant,
Et, me tendant sa main dans un flot de dentelle:

« Bouderez-vous toujours vos amis? » me dit-elle.
— Je fus reçu chez elle à partir de ce jour,
Mais sans même songer à lui faire ma cour,
Car, belle, froide et calme ainsi qu'une Minerve,
Son attitude seule imposait la réserve.
Cela durait ainsi depuis un mois. — Un soir
Nous étions cinq ou six causant dans son boudoir;
Elle avait dans son air je ne sais quoi d'étrange,
De fauve, si ce mot peut se dire d'un ange;
La voix rauque et stridente, et les yeux éclatants,
Pâle, avec des éclairs de rougeur par instants,
Fiévreuse, sarcastique, emportée, éloquente,
Elle était à la fois hautaine et provoquante.
Elle me troublait fort, je ne puis le nier.
Tant pis! je m'arrangeai pour rester le dernier.
Je risquai des aveux qu'on reçut sans colère;
Ce que voyant, ma foi! je devins téméraire...
Grande indignation, et tout ce qui s'ensuit,
Mais je n'écoutais rien: lorsque sonna minuit...
J'étais à ses genoux... « Silence! » me dit-elle;
Et puis, au dernier coup de l'heure solennelle,
Murmurant quelques mots que je n'entendis pas,
Voilà qu'elle se laisse aller entre mes bras!
Alors...

PAUL.

Passons! après?

ADOLPHE.

Après?... Cherche, imagine.

PAUL.

Parle, c'est plus tôt fait; jamais je ne devine.

ADOLPHE.

J'étais tout stupéfait encor de mon bonheur,
Qu'elle me dit : « Sortez, vous me faites horreur! »

PAUL.

C'est la réaction ordinaire et prévue.
Tu restas?

ADOLPHE.

Hélas! non.

PAUL.

Ce fut une bévue.

ADOLPHE.

Oui, mais le procédé me sembla noble et grand.

PAUL.

Tu sentais le besoin d'un cigare, sois franc!

ADOLPHE.

Ah bien, oui! j'étais loin des gaîtés incongrues!
J'errai toute la nuit, comme un fou, dans les rues,
Par ce besoin qu'on a de fatiguer son corps
Lorsqu'on se sent le cœur plein par-dessus les bords.
Je courais, je riais, je criais à la pluie,
Car il pleuvait : « Le feu de mon cœur te défie! »
J'étais lyrique. Bref, de fatigue engourdi,
Je rentre, je me couche, et dors jusqu'à midi.

PAUL.

Bon, cela!

ADOLPHE.

Quel réveil, mon ami! Je me lève,
Et, pour bien m'assurer que ce n'est pas un rêve...

PAUL.

Tu déjeunes.

ADOLPHE.

D'abord, avec le plus grand soin.
Je cours chez Caroline et l'aperçois de loin
Accoudée au balcon, comme la Polymnie,
Portant dans ses beaux yeux des traces d'insomnie.

A ma vue, elle rentre, et je double le pas...
Juge de ma surprise : on ne me reçoit pas!...
« Madame est sortie! »

PAUL.

Ah!

ADOLPHE.

J'insiste, je m'indigne,
Je corromps le portier : c'était une consigne!
Oui, j'étais consigné, mon cher.

PAUL.

C'est vif.

ADOLPHE.

J'écris...
Huit pages! Les rochers s'en fussent attendris!
Ma lettre me revient le lendemain... intacte!
Je fais de fiers serments...

PAUL.

Qu'aussitôt...

ADOLPHE.

Je rétracte.

PAUL.

Et tu cours te brûler les doigts à son marteau.

ADOLPHE.

Tout juste! Mais que vois-je au balcon, l'écriteau!
Elle avait décampé la veille, la traîtresse,
Sans prévenir son monde et sans donner d'adresse.

PAUL.

Plus d'une a pratiqué cette façon d'agir,
Pour se débarrasser d'un amant sans rougir.

ADOLPHE.

J'ai fait de vains efforts pour retrouver sa trace,

Et je suis à Paris rentré, de guerre lasse.

PAUL.

C'est tout?

ADOLPHE

Oui... Maintenant, délibérons.

PAUL.

Sur quoi?

ADOLPHE.

D'abord, que penses-tu de Caroline?

PAUL.

Et toi?

ADOLPHE.

Sa conduite est d'un ange ou d'une Messaline,
Il n'est pas de milieu; choisis.

PAUL.

Alors, j'incline...

ADOLPHE, anxieux.

Pour l'ange?

PAUL.

Oh! non!

ADOLPHE.

Crétin! comment ne vois-tu pas
Qu'un fol entraînement l'a jetée en mes bras?
Qu'à ses devoirs rendue aussitôt que tombée,
La fuite à son vainqueur l'a seule dérobée?
Que j'entrevois, pour moi, dans ce cœur combattu,
D'adorable faiblesse et de fière vertu!
Son expiation part d'une âme trop haute
Pour qu'au dévergondage on impute sa faute :
Tu n'en peux expliquer le délire effréné
Que par l'explosion d'un cœur passionné...
A moins qu'il ne te semble impossible qu'on m'aime.

PAUL.

Non, certes.

ADOLPHE.

Alors, il faut adopter mon système.

PAUL.

Je l'adopte.

ADOLPHE.

Fort bien, mon cher... Ceci posé,
Verrais-tu mon honneur dans ses mains exposé?
Me conseillerais-tu de la prendre pour femme?
C'est de ton amitié l'avis que je réclame.

PAUL.

Elle est donc libre?

ADOLPHE.

Oui, bien.

PAUL.

Tu parlais de devoir.

ADOLPHE.

Elle en avait alors et cesse d'en avoir;
Elle est veuve, en un mot.

PAUL.

Veuve?

ADOLPHE.

Tu t'en étonnes?
Les maris sont mortels comme d'autres personnes.

PAUL.

Elle a perdu le sien depuis peu?

ADOLPHE.

Depuis peu.

PAUL.

Et tu sais maintenant où la trouver?

ADOLPHE.

Parbleu!
Autrement, je serais encore sombre et triste.
Mais, sur les grands chemins ayant perdu sa piste,
Je la guettais au gîte en vrai chasseur... Enfin,
Ses persiennes se sont ouvertes... ce matin.

PAUL.

Est-ce que c'est Léa?

ADOLPHE.

Léa? Veux-tu te taire!
Allons donc!

PAUL.

Entre nous à quoi bon ce mystère?
Je saurai bien son nom quand tu l'épouseras.

ADOLPHE, épanoui.

Tu me conseilles donc de l'épouser?

PAUL.

Non pas!
Mais avec le désir que je te vois en tête,
Que je te le conseille ou non, c'est chose faite.

ADOLPHE.

Et franchement, mon cher, pourrais-je faire mieux?
Une femme qui m'aime... avec de si beaux yeux!
Qui n'avait avant moi jamais fait parler d'elle!
Que sa faute me rend et plus chère et plus belle!
Qui dans sa chute même a montré tour à tour
Autant d'honneur réel que de réel amour!...

PAUL.

Voyons, ne me fais pas de demi-confidence:

Tu sais bien que tu peux compter sur mon silence.
— Est-ce Léa?

ADOLPHE.

Je vois que je nierais en vain.

PAUL.

C'est elle!

ADOLPHE.

Je répare, en lui donnant ma main,
Ce que ma langue ici lui fait de préjudice.
— Mais après le conseil, cher ami, le service :
Déjà mon nom sans doute à ses gens est donné
Comme celui d'un homme à jamais consigné.
Auprès d'elle comment veux-tu que je pénètre?
Écrire?... Sans l'ouvrir, on renverra ma lettre.
Je ne peux donc agir que par ambassadeur,
Et j'ai compté sur toi...

PAUL.

Pour ton entremetteur?
Merci. Je ne suis pas courtier de mariage?...

ADOLPHE.

Quelle mouche te pique et quel enfantillage!

PAUL.

Ton témoin dans un duel, oui, tant que tu voudras;
Mais pour te marier, je ne m'en mêle pas.

ADOLPHE.

Quoi! sérieusement et malgré ma prière...

PAUL.

Mon cher, on n'a, dit-on, que deux choses à faire
Quand avec un ami l'on cherche à se brouiller :
Lui prêter de l'argent ou bien le marier.
La première est moins sûre encor que la seconde.
Bref, il ne manque pas de marieurs au monde...

ADOLPHE.

Je croyais à mon sort que tu t'intéressais ;
Il n'en est rien, bonsoir.

Il prend son chapeau.

SCÈNE VII.

LES MÊMES, FORESTIER.

FORESTIER.

Gentilhomme français,
Je te salue.

ADOLPHE.

Adieu, cher maître.

FORESTIER.

Je te chasse?

ADOLPHE.

Une affaire pressée.

FORESTIER.

Il suffit, Lovelace!

ADOLPHE, *à Paul.*

Sans rancune.

PAUL.

Tiens-moi cependant au courant.

ADOLPHE.

Trop bon! Cela doit t'être assez indifférent.
Adieu.

Il sort.

SCÈNE VIII.

PAUL, FORESTIER.

Paul éclate de rire.

FORESTIER.

De quoi ris-tu?

PAUL.

C'est trop fort, c'est trop drôle!
Cette femme de cœur, ce lis penché, ce saule,
Tu sais, dont tu prenais la défense tantôt
Et qu'à ton sentiment je jugeais de trop haut,
Voilà que j'en apprends de belles sur son compte!
Tudieu! quelle gaillarde aux tentations prompte!
Quelle aisance à jeter aux hommes le mouchoir!

FORESTIER.

Comment?

PAUL.

S'est-elle pas abandonnée un soir
A qui? je te le donne en mille!... au gentilhomme
Qui sort d'ici!

FORESTIER.

Vraiment?

PAUL.

Aussi vrai qu'il se nomme
Adolphe de Beaubourg. — Tu sembles consterné?

FORESTIER.

Oui, de ces choses-là je suis toujours peiné.

PAUL.

Et moi, je suis ravi. — Dans ma sotte caboche
Ne m'adressais-je pas quelquefois le reproche

D'avoir pris mon parti trop vite? Désormais
Voilà qui me remet la conscience en paix.

FORESTIER.

Il est certain, mon cher, qu'une telle aventure
De la compassion étouffe le murmure.

PAUL.

Certes!

FORESTIER, à lui-même.

Peut-être ainsi tout est-il pour le mieux.

PAUL.

Je me sens soulagé; je suis libre et joyeux!
— Ce Baubourg, est-il laid! quel courtaud de boutique!

SCÈNE IX.

LES MÊMES, CAMILLE, en toilette de ville.

CAMILLE.

Partons-nous?

PAUL.

Le concert? Ma foi, non. La musique
Me donne sur les nerfs. — Père, accompagne-la.

CAMILLE.

Non, mon ami, restons.

PAUL.

Ah! bien! nous y voilà!
Ne peux-tu faire un pas sans moi? C'est ridicule,
Un couple qui toujours côte à côte circule.
Morbleu! n'ayons pas l'air de traîner le boulet!
Vas au concert sans moi, si le concert te plaît!

CAMILLE.

Mon père qu'a-t-il donc?...

FORESTIER.

Rien... un peu de migraine.
Laissons-le seul, ma fille, et ne sois pas en peine.

Il sort avec Camille. Paul s'assied sur un fauteuil, la tête dans ses mains.

ACTE TROISIÈME

Chez Léa. — Un salon arrangé pour l'absence du maître : housses grises aux meubles et au lustre.

SCÈNE PREMIÈRE.

LÉA, affaissée, les bras pendants, sur un canapé à droite; **MARTIN**, vieux domestique à cheveux blancs, rallumant le feu dans la cheminée à gauche.

MARTIN, tout en soufflant le feu.

Ça n'a pas de bon sens d'avoir l'âme à l'envers
Par regret d'un mari comme monsieur de Clers!
Un ivrogne, un brutal, un libertin damnable!
Sa mort est son premier procédé convenable.
Que vous portiez le deuil de cet être grossier,
Passe encore, si c'est pour le remercier;
Je vous attendais bien, toute de noir vêtue,
Madame, mais non pas transformée en statue.
Depuis hier, pareille à la femme de Loth,
Immobile, l'œil fixe et ne soufflant pas mot,
Vous vivez, sauf respect, comme une somnambule;
Vous m'avez défendu de monter la pendule;
La nuit peut bien venir à l'heure qu'il lui plaît,
Vous restez sans lumière; et, si l'on n'y veillait,
Vous resteriez sans feu dans le mois de décembre.

Coup de sonnette au dehors.

LÉA, tressaillant.

Ne sonne-t-on pas?

MARTIN.

Oui.

LÉA.

Va dire à l'antichambre
Que je n'y suis jamais pour monsieur de Beaubourg...
De Beaubourg, tu m'entends?

MARTIN.

On est vieux, mais pas sourd.

Il sort.

SCÈNE II.

LÉA, seule, retombant sur le canapé.

Hélas! je n'ai plus rien de vivant que ma honte!
Sa rougeur à ma joue est la seule qui monte!
Ah! que je porte envie à celle dont le cœur
Peut se rassasier au moins de sa douleur,
Et dans le désespoir trouver encor des charmes,
N'ayant pas comme moi déshonoré les larmes!
Je n'ai plus même droit d'accuser mon destin...

MARTIN, rentrant.

Madame Forestier.

LÉA, vivement.

Je n'y suis pas. — Martin?

MARTIN, sur la porte.

Madame?

LÉA.

Fais entrer.

Martin sort.

Épuise le calice,
Pauvre femme! à ta faute égale ton supplice.

SCÈNE III.

LÉA, CAMILLE.

CAMILLE.

Je vous dérange?

LÉA.

Non.

CAMILLE.

D'ailleurs, vous m'attendiez?

LÉA.

Comment cela?

CAMILLE.

Voilà comme vous oubliez?
Ne vous avais-je pas annoncé ma visite?

LÉA.

C'est vrai, j'ai tort.

CAMILLE, *lui apportant son front que Léa effleure des lèvres.*

Alors, embrassez-moi bien vite...
Et puis qu'on vous regarde enfin du haut en bas!
Je vous ai si peu vue hier, qu'autant dire pas.

LÉA.

Eh bien, me trouves-tu très-changée?

CAMILLE.

Un peu pâle
Seulement.

LÉA.

Que veux-tu! les grands chemins, le hâle,
La fatigue...

CAMILLE.

On dirait que vos yeux ont pleuré,
Et vous me souriez d'un sourire navré.

LÉA.

Je n'ai pas, mon enfant, sujet d'être bien gaie.

CAMILLE.

La supposition de mon père est donc vraie?
Vous l'aimiez donc, celui que vous avez perdu,
Tout coupable envers vous qu'il s'est, dit-on, rendu?

LÉA.

Parlons de toi, Camille.

CAMILLE.

Oh! de vous, pauvre amie,
De vous seule! — Voyez sa figure blémie!

LÉA.

Ne t'inquiète pas de moi, ma chère enfant;
Mon chagrin passera sans doute en voyageant.

CAMILLE.

Vous nous quittez encor?

LÉA.

L'affaire est terminée
Qui m'a si brusquement à Paris ramenée,
Et je repars.

CAMILLE.

Quand donc?

LÉA.

Ce soir même.

CAMILLE.

Ce soir?
Sans nous donner le temps seulement de vous voir!

LÉA.

Mais... je suis accourue avec une valise;
Mon bagage et mes gens m'attendent à Venise,
Et je suis de passage et non pas de retour.

Mais laissons un sujet douloureux; à ton tour!
Tu me dois des récits, n'ayant pas pu m'écrire.
Te voilà bien heureuse!

CAMILLE.

Oh! oui bien!

Se reprenant.

C'est-à-dire...

LÉA.

Quoi donc?

CAMILLE.

Rien!

LÉA.

Tu rougis?

CAMILLE.

Je ne sais pas pourquoi...
Je suis heureuse enfin, ne parlons pas de moi.

LÉA.

Parlons-en au contraire, et longuement.

CAMILLE.

De grâce!

LÉA.

Qu'a donc cet entretien en soi qui t'embarrasse?
N'aurais-tu pas trouvé tout ce que tu rêvais?
Le mariage a-t-il déjà ses jours mauvais?

CAMILLE.

Je ne dis pas cela.

LÉA.

Non, mais je le devine
Rien qu'à tes faux-fuyants de fierté féminine.
A qui confîras-tu tes chagrins si ce n'est
A moi que le chagrin depuis longtemps connaît?
— Tu souffres, n'est-ce pas? d'aimer plus qu'on ne t'aime,
Et ton mari pour toi n'est déjà plus le même...

CAMILLE.

Non, il n'est pas changé.

LÉA.

Comment l'entends-tu?

CAMILLE.

Mais...

LÉA, à demi-voix.

Est-ce que par hasard il ne t'aima jamais?
Tu détournes les yeux? Pauvre chère Camille!
N'était-ce pas assez de moi dans la famille?
Et faut-il à mes maux joindre les tiens?

CAMILLE.

Mais non,
Paul... il m'adore!

LÉA, se reculant.

Alors, que me disiez-vous donc?
Pourquoi cet air contraint, ces détours, ces défaites?

Se levant.

Votre bonheur n'est pas un vol que vous me faites!
Pensez-vous qu'on le voie avec un œil jaloux?
— Que vous a-t-on pu dire? ou qu'imaginez-vous?

CAMILLE, elle se lève.

Rien.

LÉA.

En êtes-vous sûre?

CAMILLE.

Aussi vrai que j'existe!
J'ai honte à mon bonheur en vous voyant si triste,
Voilà tout: pour ne pas vous en rendre témoin,
Je tâchais d'éluder l'entretien sur ce point,
Dans mes retranchements quand vous m'avez forcée...

Mais vous croire envieuse, ô Dieu! quelle pensée!
Comment avez-vous pu...?

LÉA.

C'est qu'il m'avait semblé...
Pardonne, chère enfant; j'ai l'esprit si troublé!
— Donc, ton mari t'adore? Oh! tu peux parler.

CAMILLE.

Dame,
Il le dit, je le crois : ne suis-je pas sa femme?
Je sais que ce n'est pas toujours une raison
Et que plus d'un ménage a l'air d'une prison :
Mais c'est quand on s'épouse avant de se connaître
Et qu'on prend au hasard sa compagne et son maître.
Nous, c'est bien différent, Léa, vous le savez :
Par un père commun l'un pour l'autre élevés,
Fiancés en silence et n'attendant que l'âge,
Nous nous aimions longtemps avant le mariage,
Et notre amour n'a fait que changer à l'autel
Son nom fragile et doux pour son nom éternel.

LÉA.

Il t'aimait... depuis quand?

CAMILLE.

Depuis toujours, je pense.
Est-ce qu'on sait comment et quand cela commence?

LÉA.

Donc, tu crois qu'en ouvrant ce cœur qui t'appartient,
On n'y trouverait pas d'autre nom que le tien?
Jusque dans le passé sûre de sa tendresse...

CAMILLE.

Je ne dis pas qu'il n'ait jamais eu de... maîtresse;
Je n'en sais rien, cela ne me regarde pas,
Et je n'en serais point jalouse en tous les cas.

LÉA.

Tu méprises donc bien tes rivales vaincues?

CAMILLE.

Mon Dieu, non! Elles sont pour moi non avenues.
Tout leur rôle consiste, autant que j'ai compris,
A donner patience à nos futurs maris;
On dit que c'est dans l'ordre et que jamais l'épouse
N'y perd rien dont elle ait sujet d'être jalouse.

LÉA.

Et qui t'a dit cela? monsieur Paul?

CAMILLE.

Ah bien, oui!
Je n'en aurais rien cru si ç'avait été lui :
Il eût trop clairement plaidé sa propre cause;
Mais sans gêne à présent devant moi chacun cause :
De ce que dit chacun, moi, je fais mon profit,
Et pour tout deviner souvent un mot suffit.
Je sais ainsi combien le lot de la maîtresse
Est différent du nôtre et peu nous intéresse;
Que l'orageux passé dont on s'alarme tant
N'effleure pas le coin du cœur qui nous attend,
Et qu'avec le dégoût de l'ivresse grossière
La soif du vrai bonheur vient à nous tout entière.
— N'est-ce pas votre avis?

LÉA, à elle-même.

Oui... l'ivresse des sens
Qui de la passion emprunte les accents,
La volupté qui feint d'être le cri de l'âme
Et d'immortalité parle à la pauvre femme,
Égoïsme et mensonge, oui, c'est tout!... mais pourquoi
Un homme mettrait-il la moindre bonne foi
Dans son commerce avec la folle créature
Qui s'est donnée à lui sans bail ni signature?

L'amour comme la guerre a sa chair à canon!
Femme galante ou femme adultère, le nom
N'y fait rien, c'est toujours une femme perdue
A qui pour tout loyer l'ingratitude est due!
Dévorez-lui le cœur pour tromper votre faim!
Dupez-la!... Ce n'est pas agir en aigrefin,
C'est dans l'ordre! Il faut bien gagner le mariage
Et charmer de son mieux les ennuis du voyage.
On n'en est pas jalouse... et comme on a raison!
L'auberge porte-t-elle ombrage à la maison?

CAMILLE.

C'est ce que je me dis.

LÉA, se retournant vers Camille.

Eh bien, tu peux te dire
Que tout n'est pas non plus mensonge en ce délire,
Et que la délaissée en guise de remords
Laisse le souvenir peut-être de transports
Que n'inspirera pas l'épouse triomphante,
Car un cœur par deux fois jamais ne les enfante!
Qu'importent l'abandon, la honte et la douleur?
Le lot de la maîtresse est encor le meilleur,
Et c'est elle qui peut de pitié faire aumône
A cette royauté grelottant sur son trône!

CAMILLE, se levant.

Avec quelle amertume étrange vous parlez!
Quels souvenirs cuisants vous ai-je rappelés?
Qu'avez-vous donc souffert dont vous souffrez encore?

LÉA, après un silence, souriant.

Vas-tu souvent au bal? A ton âge on l'adore.
L'hiver est-il brillant cette année à Paris?

MARTIN, entrant.

Le notaire, ou son clerc, je n'ai pas bien compris,

Mais c'est plutôt le clerc, vu son âge, demande
Si madame est visible.

LÉA, vivement.

Oui, certes! — Qu'il attende
Un moment.

Martin sort.

J'ai regret de te quitter si tôt,
Camille! mais j'irai te dire adieu tantôt.

CAMILLE.

Non, je ne rentre pas avant ce soir; je dîne
A mon ancien couvent chez sœur Sainte-Apolline;
C'est sa fête.

LÉA.

Fâcheux contre-temps! — Prends par là,
C'est plus court.

CAMILLE, l'embrassant.

Adieu donc, adieu, chère Léa.

Elle sort par la gauche.

SCÈNE IV.

LÉA, puis ADOLPHE, venant du fond.

LÉA, se tordant les mains.

Pas même le passé!

Se retournant et apercevant Adolphe sur la porte.

Vous, monsieur, vous!

ADOLPHE, très-respectueux.

Moi-même,
Madame; pardonnez le piteux stratagème
Auquel votre rigueur réduit un malheureux
D'autant plus maltraité, d'autant plus amoureux.

LÉA.

Je vous ai donné droit de mépris, non d'insulte...
Sortez!

ADOLPHE.

Moi, du mépris! dites plutôt un culte!
Je venais...

LÉA.

Pas un mot. Sortez!

ADOLPHE.

Mais...

LÉA.

Sortez donc!
Votre présence est seule un outrage!

ADOLPHE.

Pardon,
Mais je venais vous faire une offre...

LÉA.

Que m'importe!
Sortez!... j'ai bien le droit de vous fermer ma porte!

Adolphe entr'ouvre la porte pour sortir; Léa redescend en scène.

ADOLPHE, *sur la porte, timidement.*

Je venais demander votre main.

LÉA.

Ma main? Vous!

ADOLPHE, *descendant peu à peu en scène.*

Oui, mon plus cher espoir est d'être votre époux.
Si je me borne là, croyez-le bien, c'est faute
D'une marque d'amour et de respect plus haute.
— Des larmes?

LÉA.

Laissez-les couler... Je me détends!
J'ai tant souffert, monsieur, et depuis si longtemps!
Les choses et les gens, tout me blesse ou me froisse,
Tout frappe de concert sur ma secrète angoisse,
Et j'avais grand besoin qu'il me tombât du ciel
Une trêve d'une heure à cet état cruel,
Et qu'un peu de respect, un peu de sympathie
Me vînt, dans ma détresse, ainsi qu'une amnistie.
Ah! si je l'attendais de quelqu'un ici-bas,
Ce n'était pas de vous.

ADOLPHE.

Vous appartiens-je pas?
En vous offrant mon nom, madame, avec ma vie...

LÉA.

Je ne puis accepter, mais je vous remercie.

ADOLPHE.

Hein? vous refusez?

LÉA.

Oui.

ADOLPHE.

Je reste confondu,
Et je... Voyons, voyons, pas de malentendu :
Vous m'aimez... vous m'aimez, madame, et je vous jure
Que jamais d'en douter je ne vous fis l'injure;
Vous ne pouvez non plus douter de mon amour
Dont je vous donne un gage éclatant à mon tour;
Et, quand vous dépendez de vous-même et non d'autre,
Vous faites d'un seul mot mon malheur... et le vôtre!

LÉA.

Ne m'interrogez pas.

ADOLPHE, suppliant.

Il semble que pourtant
Ma curiosité n'a rien d'exorbitant,
Et que la question est assez capitale...
Que dis-je, capitale? elle est assez vitale...
Vitale, je dis bien, le mot n'est pas trop fort,
Il ne s'agit pas moins que d'un arrêt...

LÉA.

De mort?

ADOLPHE.

Ma foi!... N'en parlons pas, madame, à l'étourdie.
Votre fuite m'a fait faire une maladie,
La plus grave qui puisse atteindre un homme gai,
La tristesse, et j'en suis encore fatigué.
Savez-vous quelle vie impossible je mène
Depuis plus de trois mois? J'ai l'air d'une âme en peine,
Au point que mes amis s'inquiètent vraiment,
Car rien n'est plus contraire à mon tempérament;
Et si votre retour, et si votre présence,
Au lieu de me guérir, m'ôte toute espérance,
Je n'en mourrai pas, non, c'est parfaitement clair,
Mais tout est dit pour moi : c'est un homme à la mer!

LÉA, se levant.

Je comprends qu'en effet je vous dois quelque chose.
Vous voulez le secret du mal que je vous cause :
Votre exigence est juste et vous avez raison;
Vous aurez à la fois réponse et guérison.

ADOLPHE.

Oh! merci!

LÉA, avec effort.

Votre estime est la première joie,
Je l'ai dit, que le ciel depuis longtemps m'envoie;

Je voudrais la garder, et ne puis cependant
M'acquitter envers vous, monsieur, qu'en la perdant :
C'est un effort suprême auquel je me résigne,
Mais que vous comprendrez, car vous en êtes digne.

ADOLPHE, à part.

Je sens une sueur froide par tout mon corps.

LÉA, d'une voix éteinte.

Vous croyez de ma vie être le seul remords?

ADOLPHE.

Oui, sans doute.

LÉA.

Eh bien, non.

ADOLPHE, atterré.

Vous en avez un autre!

LÉA.

Ce tort de mon honneur, je le confie au vôtre.

ADOLPHE, très-ému.

Votre secret sera fidèlement gardé.
Je comprends la grandeur de votre procédé;
Mais, loin de me guérir, ce procédé sublime
En m'ôtant tout espoir redouble mon estime;
Et je vous quitte après cette confession,
Pénétré de douleur et d'admiration.
Adieu, madame, adieu! — C'est un coup qui m'assomme.

LÉA.

Souvenez-vous de moi comme d'un honnête homme.

ADOLPHE.

Je tâcherai du moins... Adieu!

Il reste indécis sur le seuil.

LÉA, se croyant seule, traverse le théâtre à pas lents.

Pauvre garçon!
Il a du cœur, s'il est vulgaire en sa façon.

ADOLPHE, redescendant la scène, résolûment.

Tenez, ce libre aveu d'une secrète faute
M'offre un garant plus sûr que celui qu'elle m'ôte,
Et je persisterai, si vous le trouvez bon,
Madame, à vous offrir ma fortune et mon nom.

LÉA, assise sur le canapé.

Vous êtes généreux... trop généreux peut-être.
L'un pour l'autre le ciel ne nous a pas fait naître.
Croyez-moi : demandez le bonheur, c'est plus sûr,
A quelque jeune fille au cœur vierge, au front pur.

ADOLPHE.

Permettez... l'idéal selon chacun varie,
Et le bonheur de Paul ne me fait pas envie.

LÉA.

Vous avouez pourtant qu'il est heureux?

ADOLPHE.

Vraiment,
Il faut bien l'avouer : il l'est insolemment.

LÉA, se levant.

Oui!

ADOLPHE.

Qu'un cœur aussi neuf venant au mariage
D'une petite fille aime le verbiage,
Soit; mais, moi, j'ai vécu, mais si vous consentez...

LÉA.

Eh bien, monsieur, eh bien, puisque vous persistez,
Que l'insolent bonheur et l'insolente vie
De monsieur Forestier ne vous font pas envie,
Puisque enfin vous m'aimez, vous, et me pardonnez,
Je consens... Laissez-moi réfléchir: revenez.

ADOLPHE.

Ne réfléchissez pas! Pourquoi me le reprendre,
Ce doux consentement d'où mon sort va dépendre?

LÉA.

Vous ne le voulez pas par surprise? A ce soir.

ADOLPHE.

C'est bien long! mais enfin... je m'en vais plein d'espoir.

Il sort.

SCÈNE V.

LÉA, seule.

Ils sont heureux! Eh bien, aussi, moi, je veux l'être!
Oui, de mon désespoir c'est assez me repaître,
C'est assez! Dans les pleurs quand je me consumais,
Lui, joyeux... il est clair qu'il ne m'aima jamais!
Il m'a prise en passant comme une peccadille...
Auprès de moi peut-être il songeait à Camille!
Je le hais!... Montrons-lui, montrons que son rebut
De respect et d'amour trouve encore un tribut,
Et qu'un cœur mieux placé que le sien — oh! oui, certe.
Mieux placé! me saura consoler de sa perte.

MARTIN, de la porte.

Monsieur Paul Forestier.

LÉA.

Qu'il entre!

A part.

Dieu merci!

Il arrive à propos!...

SCÈNE VI.

PAUL, LÉA.

PAUL, à part, sur le seuil.

Que viens-je faire ici?

LÉA.

A quoi dois-je, monsieur, l'honneur d'une visite
Que rien dans nos rapports nouveaux ne nécessite?

PAUL.

Croyez bien, si je viens, que ce n'est point pour moi,
Madame. Je remplis un assez sot emploi :
Un ami, qui depuis quelque trois mois vous aime,
M'a chargé...

LÉA.

C'est monsieur de Beaubourg?

PAUL.

C'est lui-même.

LÉA.

Il sort d'ici.

PAUL.

Comment! vous l'avez donc reçu?

LÉA.

Parfaitement.

PAUL.

Croyez que, si je l'avais su,
Je vous eusse épargné ma présence maussade,
Madame... Me voilà quitte de l'ambassade,
Car, je n'en doute pas, vous avez consenti?

LÉA.

Mais... monsieur de Beaubourg est un très-beau parti.

PAUL.

Et puis ce mariage apportera, je pense,
Un grand allégement à votre conscience.

LÉA.

Je ne vous comprends pas.

PAUL, avec un sourire équivoque.

Aurais-je été trop loin?
C'est sans intention, le ciel m'en est témoin.

LÉA.

J'ignore absolument ce que vous voulez dire.

PAUL.

Pourquoi relevez-vous un mot que je retire?

LÉA.

Je ne relève rien, monsieur.

PAUL.

C'est plus prudent;
Car, si je m'expliquais, — à mon corps défendant! —
Peut-être auriez-vous lieu de n'être pas ravie.

LÉA.

Mais insultez-moi donc! vous en mourez d'envie!

PAUL.

C'est vrai. — Beaubourg, madame, est votre amant.

LÉA.

Hélas!
Plût au ciel qu'il le fût!

PAUL.

Tenez, ne niez pas!
Rien ne vous servirait, mensonge ou subterfuge.

LÉA.

Et de quel droit encor vous faites-vous mon juge?
Lorsque j'aurais commis le crime le plus vil,
A quel titre, monsieur, vous importerait-il?

PAUL.

C'est fort habilement répondu; votre audace
Ne va pas cependant jusqu'à répondre en face.
Que ne m'accusez-vous de vous calomnier?

LÉA.

Et pourquoi, s'il vous plaît, descendrais-je à nier?
Votre estime à ce point vaut-elle que j'y tienne?
Êtes-vous si certain d'avoir encor la mienne?
Qui de nous le premier a violé sa foi?

PAUL.

Vous me le demandez? Assurément, c'est moi.
C'est moi qui, fatigué d'un amour trop fidèle,
Vous ai cherché, madame, une absurde querelle:
Moi qui, par les cheveux prenant l'occasion,
Sans un seul mot d'adieu ni d'explication,
Sans pitié, sans jeter un regard en arrière,
Ainsi qu'un contumax ai gagné la frontière...
C'est moi. — Votre mépris a mille fois raison,
Car c'est une exécrable et lâche trahison.

LÉA.

Et si ce n'eût été qu'une épreuve?

PAUL.

Une épreuve?
En vérité?... Pardieu! l'excuse n'est pas neuve!

LÉA.

Interrogez plutôt celui qui l'exigea,
Votre père...

PAUL.

Comment! mon père a fait cela?
Il savait donc...?

LÉA.

Oui, tout; et dans sa clairvoyance,
De votre affection mesurant la constance,
M'adjurait de ne pas en attendre la fin,
Pour vous restituer à votre vrai destin.

PAUL.

Ah! que, si vous m'eussiez aimé comme naguère,
Vous auriez su répondre à ces raisons de père!

LÉA.

Mais la seule réponse à faire, — en vérité,
C'était votre douleur et sa fidélité.
L'avez-vous faite? — Après deux mois, pas davantage,
Vous avez répondu par votre mariage.

PAUL, brusquement.

Je payais une dette à mon père. — Au surplus,
Madame, laissons là des débats superflus.
Je ne suis pas ici pour vous chercher querelle.
Votre conduite, en somme, est toute naturelle :
Vous en aviez assez de notre liaison,
Vous avez rencontré là-bas un bon garçon,
Et, comme il vous plaisait... Ah! misérable femme,
Tu n'as pas reculé devant cet acte infâme!
Rien ne te disait donc que tu prostituais
Ce qu'adoraient encor mes souvenirs muets,
Le temple consacré par mon idolâtrie?
— Un autre entre ses bras, un autre!... l'a flétrie!
Un étranger... que dis-je? un passant, Dieu vengeur!
De sa beauté divine a pillé la pudeur!

Il a tout dévoré de son regard profane!
Demande-moi pardon! à genoux, courtisane!

Il la prend violemment par le bras et la jette sur ses genoux. — Il recule comme épouvanté de sa brutalité, tombe dans un fauteuil et éclate en sanglots.

Malheureux que je suis!

Après un silence.

Si tu ne peux nier,
Trouve au moins une excuse à me balbutier...
Je croirai tout, oui, tout me sera vraisemblable,
Quoi que ce soit... par où tu sembles moins coupable!

LÉA, *toujours affaissée sur ses genoux, les yeux baissés et d'une voix sourde.*

C'était le trois septembre...

PAUL.

Eh bien? Ah! oui, le jour...

LÉA, *se relevant.*

De votre mariage! — En plein cœur, sans détour,
Je venais d'en avoir la nouvelle brutale.

PAUL.

Poursuivez...

LÉA.

Tout à coup, la chambre nuptiale
Qui s'ouvrait devant vous apparut à mes yeux;
Tout mon être frémit d'un besoin furieux
De me venger de vous, de me souiller, que sais-je?
De mériter mon sort par quelque sacrilége!
Et quand à la raison l'horreur me rappela...
Si la honte tuait, je ne serais pas là!
Vous me méprisez moins que je ne me méprise,
Et j'ai la plaie au cœur que rien ne cicatrise.

PAUL, *après un silence.*

Ton crime est à moi seul, je l'ai seul inspiré!
Sur ton égarement qu'un voile soit tiré,

Oublions! notre amour seul est vrai; tout le reste
N'est qu'une vision, un mensonge funeste!
Tu n'as appartenu qu'à moi, tu m'appartiens...

Il la prend dans ses bras.

LÉA, *faiblement.*

Laisse-moi.

PAUL.

Du passé renouons les liens!

LÉA, *le repoussant avec force.*

Jamais! — Entendez-vous? Sur ma vie éternelle
Jamais!

PAUL.

Tu peux jurer sur ton âme immortelle!
Notre immortel amour, plus fort que tes serments,
Te fera retomber dans mes embrassements.

LÉA.

Non, Paul, n'espérez pas cette lâche rechute.
Je ne cours même pas les chances de la lutte;
Je pars ce soir.

PAUL.

Tu fuis!

LÉA.

Je n'aurais pas besoin,
Pour me garder de vous, de m'en aller si loin:
Entre nous désormais il existe un abîme
Que peuvent seuls franchir l'impudence et le crime.
Pour ne pas vous parler de vos devoirs d'époux,
Fussiez-vous libre encore ou le devinssiez-vous,
Je ne vous rendrais pas flétrie et dégradée
Celle que pure un jour vous avez possédée.
C'est le dernier respect qui me reste de moi,
Ma dernière fierté, mon dernier mot, ma loi.

PAUL.

Et moi, je ne connais et je ne veux connaître
D'autre loi que l'ardeur sans nom qui me pénètre.
Tu ne partiras pas... non! je te le défends!
Pourquoi nous torturer? Sommes-nous des enfants?
Qu'est-ce donc, après tout? un accès de folie!
Je l'oublîrai, te dis-je.

LÉA.

Hélas! rien ne s'oublie.

PAUL.

Je m'en souviendrai donc, mais pour plus t'adorer!
Ma passion ne fait que s'en exaspérer...
Ce qui se passe en moi, je l'ignore; l'outrage
A changé ma tendresse en espèce de rage...

Léa fait un mouvement vers la porte : Paul lui barre le passage.

Ne crois pas m'échapper!...

LÉA.

De la violence?

PAUL.

Oui!

LÉA *s'élance vers un timbre et sonne : Martin paraît sur la porte.*

Reconduisez monsieur, — je n'y suis plus pour lui.

Paul, après une hésitation, sort en secouant la tête d'un air résolu.

ACTE QUATRIÈME

Même décor qu'au premier acte. — Le soir. — Une lampe allumée sur la table.

SCÈNE PREMIÈRE.

PAUL, en train de boucler une valise de voyage. Il sonne. FIRMIN entre.

PAUL.

Je reçois à l'instant de Nice un télégramme
Qui m'oblige à partir sans attendre madame.

FIRMIN.

Pardon, monsieur, si j'ose... Est-ce monsieur Reynal
Dont les nouvelles... ?

PAUL.

Oui, Firmin, il est très-mal;
Il m'appelle et je pars.

FIRMIN.

Un si joyeux compère!

PAUL.

Nous sommes tous mortels, Firmin. Lorsque mon père
Rentrera du théâtre, — il faudra veiller tard,
Mon brave! — explique-lui ce rapide départ.

FIRMIN.

Monsieur n'a pas d'autre ordre?

PAUL.

Amène une voiture.

Firmin sort.

SCÈNE II.

PAUL, *seul.*

Ils dormiront en paix grâce à cette imposture;
Et puis je gradûrai mes lettres de façon
A préparer du moins le coup par le soupçon,
Et que la vérité leur arrive amortie
Après avoir été maintes fois pressentie.
Pauvres gens!... Des remords? ne suis-je pas frappé
Autant qu'eux et par eux? Pourquoi m'a-t-on trompé?
Serais-je marié sans la rouerie insigne
Qui m'a montré Léa de ma tendresse indigne?
Quels devoirs peuvent donc entraîner après soi
Des serments obtenus par la mauvaise foi?
Et puis quoi! S'agit-il encore de morale,
De droit et de devoir, du monde et du scandale?
Quand on défend sa vie, on fait arme de tout,
Et la loi du salut reste seule debout.
Eh bien, moi sans Léa, moi qui ne peux pas vivre,
Qu'importe ce qu'aux pieds je foule pour la suivre!...
La suivre!... Elle a juré que jamais son amant...
Ah! si je la trouvais fidèle à son serment,
Je n'aurais plus... Mais non! déjà sa résistance
A besoin entre nous de mettre la distance,
Et, quand je tomberai là-bas, inattendu,
Libre de tous liens, pour les autres perdu...
— Mon père!...

SCÈNE III.

PAUL, FORESTIER.

FORESTIER.

Eh bien, Reynal? quelle triste aventure!

J'ai rencontré Firmin en bas et ta voiture;
Je les ai sur-le-champ l'un dans l'autre envoyés
Chercher ta femme, afin que vous vous embrassiez.
Ma foi! j'en suis fâché pour la supérieure...

PAUL.

Mais le temps?...

FORESTIER, *tirant sa montre.*

Tu partais trop tôt d'une bonne heure.
Grâce au ciel, j'ai trouvé relâche à l'Opéra;
Autrement, tu partais sans m'embrasser, ingrat.

PAUL.

Tu comprends bien...

FORESTIER.

Oui, oui. Quelle étrange cervelle
Que ce Reynal! Comment est-ce toi qu'il appelle?
Vous vous êtes liés un peu contre mon gré,
Mais n'importe, l'appel d'un mourant est sacré.
Puis l'opportunité de ton départ se double
De la diversion qu'il fait...

PAUL.

Qu'il fait?

FORESTIER.

Au trouble,
Parbleu! que t'a causé le retour de Léa.
Va, je sais ton secret depuis longtemps déjà:
Je ne t'en disais rien par discrétion pure.

PAUL.

Tu ne me disais pas non plus que la rupture
Dont je m'indignais tant était de ta façon?

FORESTIER.

L'événement m'a-t-il assez donné raison?

PAUL, sèchement.

Soit! j'étais déjà d'âge à savoir me conduire.

FORESTIER.

Mais d'où sais-tu?... Parbleu! Léa seule a pu dire...
Tu l'as donc revue?

PAUL.

Oui.

FORESTIER.

Chez elle?

PAUL.

Apparemment.

FORESTIER, inquiet.

Et qu'allais-tu chercher? une fin de roman?

PAUL.

Juste! Beaubourg m'avait chargé d'une demande
En mariage...

FORESTIER, rassuré.

Ah! oui, c'est vrai! succès commande.

SCÈNE IV.

LES MÊMES, ADOLPHE.

ADOLPHE, à Paul.

Tu vas trouver, mon bon, que je ne suis pas fier
De revenir après tes duretés d'hier;
Mais ce n'est pas à toi qu'aujourd'hui je m'adresse;
Tu m'as trop bien prouvé combien je t'intéresse.
C'est à ton père.

FORESTIER.

A moi?

ADOLPHE.

Je viens vous demander
De vouloir bien pour moi, cher maître, intercéder
Près de quelqu'un sur qui vous avez tout empire,
De madame de Clers. D'abord, il faut vous dire
Que j'en suis amoureux...

FORESTIER.

Je sais!

ADOLPHE.

Mais cette fois
C'est pour le bon motif, croyez-le.

FORESTIER.

Je le crois.

ADOLPHE.

D'ailleurs, j'ai quelque lieu de penser qu'elle m'aime.
Bref, j'ai fait ce matin ma demande.

FORESTIER, surpris.

Toi-même?

ADOLPHE.

Paul m'avait envoyé promener...

FORESTIER.

Bah!

ADOLPHE.

Tout net.

PAUL.

La démarche, en effet, d'abord me répugnait;
Après réflexion, pourtant, coûte que coûte,
Je l'ai faite.

ADOLPHE.

Quoi! faite? Après moi, donc?

PAUL.

Sans doute.
Tu venais de sortir lorsque je suis entré.

ADOLPHE.

Ah! tu peux te vanter d'avoir bien opéré!

FORESTIER.

Comment?

ADOLPHE.

J'étais parti ne pesant pas une once!
Elle avait à ce soir différé sa réponse,
Mais de telle façon, que, dans mon cœur ravi...

FORESTIER.

Imagines-tu donc que Paul t'a desservi?

ADOLPHE.

Toujours est-il qu'après l'accueil de la journée,
J'y retourne ce soir la bouche enfarinée...

PAUL.

Qu'y puis-je? En admettant que jamais tu lui plus,
Est-ce ma faute, à moi, si tu ne lui plais plus?

ADOLPHE.

Ma cause était gagnée avant ta plaidoirie;
Elle est perdue après, voilà tout... Je vous prie,
Cher maître, de tenter auprès d'elle un effort.
A bonne intention, je crois, Paul m'a fait tort;
A vous de réparer, à vous, le patriarche,
De dire...

FORESTIER.

Je ferai volontiers la démarche,
Mon brave, et dès demain.

ADOLPHE.

Mais demain, c'est trop tard!
Tout de suite ou jamais : elle part!

FORESTIER, stupéfait.

Elle part?

ADOLPHE.

Ce soir, car j'ai le don, moi, de la mettre en route!

FORESTIER, regardant Paul.

Pour Nice?

ADOLPHE.

Ou Venise.

FORESTIER, à lui-même.

Oui, même chemin.

A Adolphe.

Écoute.

J'irais lui demander sur l'heure un entretien,
N'était une autre affaire, ici, qui me retient,
Et qui m'échappera pour peu que je m'absente;
Mais je lui peux écrire une lettre pressante.

ADOLPHE.

Ah oui! les pressions qui viennent de si loin!...

FORESTIER.

Eh bien, nous partirons pour Venise au besoin,
Tant je voudrais pouvoir hâter ce mariage.

ADOLPHE.

Quoi! vous consentiriez à faire le voyage?

FORESTIER.

Je te le promets.

Le congédiant.

Va!...

ADOLPHE, lui serrant la main.

Merci, maître!...

A part sur la porte.

Il est chaud,
Mais qui sait... si demain? ne soyons pas manchot:

Allons dire à Léa qu'elle est ici mandée
Pour une affaire urgente... Oui, parbleu! bonne idée.

Il sort

SCÈNE V.

PAUL, FORESTIER.

Un silence.

FORESTIER.

L'appel de votre ami, comment est-il conçu?
Montrez!

PAUL, froidement.

Vous savez bien que je n'ai rien reçu.

FORESTIER.

Ah! je doutais encore! Oui, dans ma conscience
L'énormité de l'acte en troublait l'évidence.
C'est donc vrai! vous sortiez d'ici, gai déserteur,
Ne laissant après vous que désastre et douleur,
Et, sans souci des lois humaines et divines,
Suivant votre caprice à travers nos ruines!
Et quel caprice encor! dont l'objet dégradé
Par vous-même honni, conspué, lapidé...

PAUL.

Ce n'était pas à moi de lui jeter la pierre.
Sa faute d'un instant m'incombe tout entière,
Ou plutôt c'est à vous... Je reste stupéfait
Quand je repasse en moi ce que vous avez fait!
A quel titre a-t-il pu vous sembler légitime
De disposer sans moi de mon bonheur intime?
De prendre à mon insu ce rôle exorbitant
Sur un point où mon cœur était seul compétent?
Quel pouvoir paternel explique ou justifie

Cette intervention furtive dans ma vie?
Encore si c'était prudence à mon endroit,
Sollicitude outrée et dépassant son droit...
Mais non! ce qui vous touche et ce qui vous soucie,
C'est le contentement de votre fantaisie!
Vous brisez les liens qui gênent vos projets
Sans vous inquiéter si mon cœur tient après;
Vous me bouclez saignant dans un prompt mariage,
Et vous vous indignez lorsque je m'en dégage?
Que dirais-je donc, moi? Si vos soins clandestins
N'eussent pas détourné mes faciles destins,
Je pourrais aujourd'hui, libre de toute attache,
Épouser sans remords Léa libre... et sans tache;
Tandis que, grâce à vous, je me trouve réduit
A forcer le bonheur comme un voleur de nuit!

FORESTIER.

Vos accusations, je les accepte toutes;
Qu'ainsi soient envers moi vos injures absoutes.
Mais, par ma faute ou non, ce qui s'est fait est fait,
Et ce n'est plus le temps d'en détruire l'effet.
Vous êtes marié, monsieur, et je vous somme
S'il reste quelque chose en vous d'un honnête homme...

PAUL, ironique.

De respecter le piége où vous m'avez surpris?
Eh bien, non! S'il faut être honnête homme à ce prix,
Non! je ne le suis pas et je ne veux pas l'être.

FORESTIER.

Je commence un peu tard, monsieur, à vous connaître;
Mais vous me connaîtrez aussi; je vous préviens
Qu'entre nous votre crime a rompu tous liens;
Que je n'ai désormais d'autre enfant que Camille;
Que vous êtes pour moi l'ennemi de ma fille,

Et que je la saurai contre vous protéger
Comme je le ferais contre un gendre étranger.
Ah! vous voulez, monsieur, pour vous croire excusable,
De votre cruauté me rendre responsable?
J'accepte... et vous verrez envers qui je le suis,
Et, quand j'ai des devoirs, comment je les poursuis.

PAUL.

Ma résolution est égale à la vôtre :
Poussez celle que j'aime entre les bras d'un autre,
Car je crois vous comprendre, et je vous avertis
Que, si vous l'emportez, vous n'avez plus de fils.

FORESTIER.

Ah! parbleu! tuez-vous! moi, je vous le conseille;
Mais pas le lendemain du déshonneur, la veille!
Sachez, si votre but était de m'effrayer,
Que j'aime mieux vous voir mort que banqueroutier!

PAUL.

Monsieur!

FORESTIER.

Banqueroutier, oui, monsieur, sans nul doute.
Ne méditez-vous pas la pire banqueroute,
Celle de la pitié, de la foi, du serment?
Vous dérobez-vous pas à tout impudemment?
Que vais-je lui répondre à cette jeune femme
A qui vous emportez l'épargne de son âme,
Qui n'a rien réservé d'elle en dehors de vous,
Et pour qui l'univers se borne à son époux?

PAUL.

Pardon, monsieur, pardon! vous êtes trop modeste.
Ne lui restez-vous pas tout comme elle vous reste?
Pour elle, vous et moi, cet hymen a voulu
Moins en faire ma femme encor que votre bru;

A vos combinaisons si je portais atteinte,
Vous auriez un sujet légitime de plainte;
Mais loin de là : prenant ma propre liberté,
J'achève entre elle et vous cette paternité,
Et, comme vous disiez tout à l'heure, Camille
Du rang de simple bru passe à celui de fille.

FORESTIER.

Elle peut en mourir; en avez-vous douté?

PAUL.

Oh! monsieur, je n'ai pas cette fatuité :
C'est une enfant qu'on a trop tôt émancipée;
Elle avait moins besoin d'époux que de poupée:
Vous la consolerez avec quelques bijoux.

FORESTIER.

Vous êtes simplement atroce, savez-vous?

PAUL.

Oui, je dérange un peu l'ordre de votre siége...
J'avais l'œil autrefois moins ouvert sur un piége.
Vous ne me prendrez pas à ce grand désespoir
Qu'elle n'aura jamais, qu'elle ne peut avoir...
Mais, si vous y croyez, monsieur, qui vous empêche
D'entretenir l'erreur de la fausse dépêche?
Je l'avais inventée à cette intention.

FORESTIER.

Que je tienne l'échelle à votre évasion,
N'est-ce pas? Mais, monsieur, quand même votre père
A vos ébattements servirait de compère,
L'heure viendrait bientôt où sa complicité
Ne pourrait plus couvrir la triste vérité;
Où, lasse de jamais ne vous voir reparaître...

PAUL.

Gagnez toujours du temps, je reviendrai peut-être.

FORESTIER.

Ah! si rien aujourd'hui ne peut te retarder,
Ni la compassion ni l'honneur à garder,
Qui pourrait ramener ta loyauté fourbue,
Le mal une fois fait et toute honte bue?
Les obstacles franchis par ton féroce amour
Seraient une barrière eux-même à ton retour!...
Non, non! tout est perdu si tu passes la porte,
Tout bonheur ruiné, toute espérance morte...

Se plaçant devant la porte.

Et c'est pourquoi, pardieu! tu ne passeras pas...
A moins d'oser enfin sur moi lever le bras.

PAUL.

Soit! monsieur; j'attendrai.

Il s'assied.

FORESTIER, *après un silence.*

Mon fils!... est-ce possible?
En sommes-nous venus à cette lutte horrible?
Un père avec son fils, deux êtres droits et bons!
Est-ce à toi que je parle? Est-ce toi qui réponds?
Toi qui fus si longtemps ma joie intérieure,
Qui me tins lieu de tout, hélas! jusqu'à cette heure;
Qui voulus rester seul dans mon affection,
Et me payas si bien de ma soumission
Qu'il ne me vint jamais cette pensée amère
Qu'une autre eût mieux que toi su remplacer ta mère...

Lui prenant la main.

Par la même pitié qui triompha de moi,
Grâce! ne chasse pas ma fille de chez toi!

PAUL, *très-ému.*

Qui m'aurait dit qu'un jour, ô père! ô mon cher père!
Tu me ferais en vain une telle prière?

N'exige pas, au nom de ce grand souvenir,
Ce que je promettrais sans pouvoir le tenir
N'as-tu pas reconnu, rien qu'à mon insolence,
De quelle passion je subis la puissance?
Que me demandes-tu de lui faire la loi,
Quand c'est elle à ce point qui dispose de moi?

FORESTIER.

Eh bien, rien qu'un délai! Qu'au moins notre naufrage
Ne soit pas consommé par une heure d'orage!
Rien qu'un jour! Ce n'est pas te demander beaucoup...
Mais ce vent de malheur va tomber tout à coup,
J'en suis sûr!

PAUL.

Je devrais te refuser, mon père;
Car, si c'est vraiment là ce que ton cœur espère,
C'est en vain.

FORESTIER.

Non, mon fils, non, ce n'est pas en vain!
Tu ne voudras pas croire en t'éveillant demain
Qu'un instant tu songeas, dans ta farouche ivresse,
A tout quitter pour suivre une telle maîtresse!
Laisse la nuit cuver le philtre capiteux
Qui te fait trébucher dans un amour honteux,
Et tu ne penseras à cette créature
Que pour te rappeler son ignoble aventure,
Et te la figurer, sous son masque ingénu,
Pâmée entre les bras du premier sot venu.

PAUL, se levant avec violence.

Elle ne sera plus qu'à moi, la misérable!
Laissez-moi passer!

FORESTIER.

Paul!

PAUL.

Non, c'est intolérable.

Place!

FORESTIER.

Mais, malheureux!...

CAMILLE, entrant.

Quoi donc?

SCÈNE VI.

LES MÊMES, CAMILLE.

FORESTIER, à Camille.

Ah! te voilà!...

Défends-toi, mon enfant, il fuit avec Léa!

PAUL.

Ah! vous n'avez pas plus pitié de moi que d'elle.

FORESTIER.

Oui, c'est moi le bourreau, le traître, l'infidèle!

CAMILLE.

C'est donc vrai?...

Paul baisse la tête. Camille tombe dans un fauteuil en sanglotant, Forestier s'approche d'elle et lui prend la main.

FORESTIER.

Pauvre enfant!

CAMILLE, au milieu de ses sanglots.

Il me quitte! pourquoi?

Qu'est-ce donc que j'ai fait? Je ne comprends pas, moi...

FORESTIER.

Tu l'aimais bien?

CAMILLE.

Oh! oui, je n'ai pas dans mon être

Une goutte de sang dont il ne fût le maître...

Je me croyais aimée aussi, mais je vois bien
Que c'était mon amour que j'ai pris pour le sien!...
Que vais-je devenir, maintenant?
— Pauvre femme!
Il me laisse mon corps, il emporte mon âme!
Vous me ramènerez, mon père, à mon couvent,
Où ma chambre a gardé mes beaux rêves d'enfant...
Que j'y vais rentrer vide et lasse de la vie,
Et de quel prompt retour ma sortie est suivie!

FORESTIER.

Tu n'y rentreras pas, tu resteras ici!
Qui me consolera si tu t'en vas aussi?

CAMILLE.

Oui, pardon, mon chagrin ne pensait pas au vôtre.
Mon malheur, en effet, pauvre père, est le nôtre!
Vous perdez votre fils, comme moi mon époux;
Mais j'hérite de lui ses devoirs envers vous,
Et, les joignant aux miens, d'une double tendresse
Je saurai réchauffer votre chère vieillesse.

FORESTIER, à Paul.

Eh bien, que tardez-vous? Partez, monsieur, partez,
Elle me fermera les yeux.

PAUL, déposant son chapeau et son manteau sur un meuble.

Vous l'emportez.

FORESTIER, bas, à Camille.

Il reste!

CAMILLE, d'un ton ferme.

Alors, c'est moi qui lui cède la place.

PAUL.

Décidez tous les deux ce qu'il faut que je fasse.

Il sort par la gauche.

SCÈNE VII.

FORESTIER, CAMILLE.

FORESTIER.

Ne le repousse pas, laisse à son repentir...

CAMILLE.

Non, père, c'est fini : l'un de nous doit partir ;
Car ce qui lui serait un cruel sacrifice
Pour moi serait encore un plus cruel supplice.

FORESTIER.

Qui sait ce que feront le temps et le remord?

CAMILLE.

Non!

SCÈNE VIII.

LES MÊMES, FIRMIN, par le fond.

FIRMIN.

Madame de Clers.

CAMILLE.

Elle ici!

FORESTIER.

C'est trop fort!
Dis que je n'y suis pas.

CAMILLE.

Non, qu'elle entre, au contraire!

FORESTIER.

Que veux-tu...?

CAMILLE.

J'ai besoin de lui parler, mon père!
J'ai besoin d'épancher ce dont mon cœur est plein...
Si ce n'est aujourd'hui, je le ferais demain.

Elle vient chercher Paul? Eh bien, qu'elle l'emmène,
Mais qu'elle emporte aussi mon mépris et ma haine!

FORESTIER.

Quoi!

CAMILLE.

J'ai bien aujourd'hui le droit de commander!

A Firmin.

Qu'elle entre!... Laissez-nous, mon père.

FORESTIER.

Il faut céder.

Il sort par la gauche, Léa entre par le fond.

SCÈNE IX.

CAMILLE, LÉA.

LÉA, *qui a vu la porte se refermer sur Forestier.*

On m'appelle, j'arrive et puis on se retire?

CAMILLE, *fait un pas vers Léa d'un air menaçant, puis éclatant en sanglots.*

Moi qui vous aimais tant, Léa!

LÉA.

Que veux-tu dire?
Que se passe-t-il donc ici, ma pauvre enfant?
Parle! parle! Le cri de mon cœur me défend.

CAMILLE.

Vous fuyez avec Paul...

LÉA, *vivement.*

C'est une calomnie!

CAMILLE.

Il avoue!

LÉA.

Impossible... ou, s'il ment, moi, je nie.

CAMILLE, montrant la valise.

Mirez-vous les apprêts de départ que voici?...

LÉA.

Il me suivait!... Et toi, quand tout m'accuse ici,
Tu n'as pas su trouver contre moi d'autre plainte
Que l'invocation de ton amitié sainte!
Comme elle aurait pourtant à mon front rejailli,
Si mon cœur envers toi par malheur eût failli!
Que je rends grâce à Dieu dans cette horrible esclandre
D'avoir gardé loyale une main à te tendre!...
Va, tu peux la serrer, car j'ai fait mon devoir;
Si ton mari me suit, j'ignore en quel espoir,
Et je ne comprends pas qu'ayant eu ma réponse
Son cœur à sa folie à jamais ne renonce.
Mais ne redoute rien, du moins de mon côté,
Et compte absolument sur ma fidélité.

CAMILLE, la regardant fixement.

Oui, Léa, je vous crois! il m'est si doux de croire
Que vous n'êtes pour rien dans cette triste histoire!
C'était une douleur encor dans ma douleur
Que d'avoir à me prendre à vous de mon malheur!
Vous avez allégé de moitié ma souffrance.

LÉA.

O noble et chère enfant, voilà ma récompense.

CAMILLE.

Récompense... de quoi? Quel sacrifice?... Ah! oui,
Je comprends! vous l'aimez, ma pauvre Léa.

LÉA.

Lui?

Non, je n'aime que toi.

CAMILLE, avec un sourire triste.

Je comprends tout, vous dis-je,
Et je vois clair enfin dans ce que Dieu m'inflige.
Votre histoire à tous trois m'apparaît nettement,
Je pourrais vous la dire en peu de mots...

LÉA, troublée.

Comment?

CAMILLE.

A vaincre votre cœur par le devoir réduite,
Vous vous étiez soustraite au danger par la fuite;
Paul, n'ayant plus d'espoir, crut n'avoir plus d'amour:
Son père le poussait au mariage : un jour
En prenant avec moi l'engagement suprême,
Il ne m'a pas trompée, il s'est trompé lui-même.
C'est la fatalité qu'il faut seule accuser...
Que c'est bon de n'avoir personne à mépriser!...
— Comme vous avez droit tous deux de me maudire!
Sans moi, Léa, sans moi, ne peut-il pas se dire
Que, vous retrouvant libre, il serait votre époux?
C'est moi qui suis de trop! Pourquoi suis-je entre vous?
Oh! pardon d'être là, pardonnez l'un et l'autre!
Que mon bonheur perdu ne vous rend-il le vôtre!
Si Dieu me rappelait, vous seriez réunis,
Heureux... et moi, du moins, mes maux seraient finis!

A elle-même.

Ah! quelle volupté de mourir de la sorte!
Comme ils se souviendraient de leur petite morte!
Comme ils en parleraient, et diraient en songeant :
« Elle nous aimait bien pourtant, la pauvre enfant! »

LÉA.

Qu'on se sent une pauvre et vaine créature
A voir le sang divin qui sort de ta blessure!
Qui pourrait te connaître, enfant, sans t'admirer?

Tiens! je hais ton mari de ne pas t'adorer.
Mais il te reviendra!

CAMILLE.

Jamais.

LÉA.

Je te le jure!
Je vais mettre un obstacle entre nous, de nature
A m'en faire haïr...

CAMILLE.

Lequel?

LÉA.

C'est mon secret.

CAMILLE.

M'en aimerait-il plus quand il vous haïrait?
Ne luttez pas, Léa; je me sens condamnée.

LÉA.

Non! je te sauverai, ma douce résignée,
Dût mon cœur se briser pour racheter le tien.
Embrasse-moi, ma fille.

CAMILLE, se jetant dans ses bras.

Oh! embrassons-nous bien!

LÉA.

Adieu, me voilà forte.

Léa sort.

SCÈNE X.

CAMILLE, *seule.*

Elle remet vivement son chapeau et son par-dessus qu'elle a déposés sur un fauteuil en entrant; elle va à la table de droite, écrit rapidement quelques lignes, ferme la lettre et la dépose à gauche en évidence sur la valise de Paul; puis, envoyant un long baiser à l'atelier :

Adieu, chère demeure!

SCÈNE XI.

CAMILLE, FORESTIER, *entrant par la gauche.*

FORESTIER.

Es-tu seule? — Tu sors? tu sors seule, à cette heure?

CAMILLE, *avec embarras.*

Léa m'attend en bas.

FORESTIER, *apercevant la lettre.*

Une lettre de toi?
Pour Paul? Tu t'en vas donc? tu quittes donc mon toit?

CAMILLE.

Non... j'allais... je...

FORESTIER.

Quel trouble!

Il sonne.

Éclairons ce mystère.

A Firmin qui entre.

Dites à monsieur Paul de monter.

Firmin sort.

CAMILLE.

Quoi! mon père...

FORESTIER.

Je n'ai pas droit d'ouvrir ses lettres, n'est-ce pas?
Or, celle-là doit dire où tu vas de ce pas.

CAMILLE, très-émue.

Rendez-moi ce billet, au nom de ma tendresse!

FORESTIER.

Il est écrit, il faut qu'il aille à son adresse.
Je sens bien qu'il contient le secret de ton sort.

SCÈNE XII.

LES MÊMES, PAUL.

PAUL, entrant.

Vous m'avez appelé?

FORESTIER.

Mon fils, ta femme sort.
Où va-t-elle à cette heure? Elle ne peut le dire,
Mais elle te laissait ce mot que tu vas lire.

PAUL, lisant.

« Paul, épouse Léa, c'est mon suprême vœu
Et la condition de mon pardon. »

FORESTIER.

Grand Dieu!

CAMILLE.

Il n'est plus ici-bas de bonheur pour moi-même;
Ma vie est un obstacle à deux êtres que j'aime;
Dieu m'aurait pardonné : ce n'est pas mon malheur
Que j'allais abréger en mourant, c'est le leur!

Paul tombe à genoux, le dos courbé, la tête basse.

FORESTIER, le montrant à Camille.

Regarde! il est à nous! il est à nous, te dis-je!
Je demandais à Dieu, dans mon âme, un prodige :
L'aveugle voit! ses yeux se sont ouverts au jour...

Renversant la tête de Paul.

Regardes-en couler le remords et l'amour.

CAMILLE.

La pitié seulement.

FORESTIER.

Non! je te dis qu'il t'aime,
Et que ces larmes-là sont un nouveau baptême
Par la vertu duquel sera purifié
Son cœur d'impureté passagère souillé.
Va! l'avenir est sûr, crois-m'en sur ma parole;
J'en suis certain, la sainte a renversé l'idole!
Je te réponds de lui, ma fille, il est sauvé,
Et pour ne plus finir ton règne est arrivé.

CAMILLE.

Pourquoi m'aimerait-il, s'il ne m'a pas aimée?

FORESTIER.

Que l'énigme à tes yeux reste à jamais fermée.
Ne t'en alarme pas; dis-toi que ton mari
Vient d'être bien malade et qu'il est bien guéri;
Que le vieil homme a fait sa dernière surprise,
Et qu'un homme nouveau renaît de cette crise!

PAUL.

Le premier châtiment par ma faute encouru,
C'est de n'être pas digne encore d'être cru;
Mais, s'il est une épreuve assez expiatoire
Pour que Camille un jour puisse oublier et croire,

Plus dure elle sera, plus je m'y veux offrir;
Car pour me pardonner j'ai besoin de souffrir.

CAMILLE.

Mais, moi, Paul, j'ai souffert assez!

Elle lui tend la main.

PAUL, se jetant à ses pieds et lui baisant les mains.

O chère femme,
Quels trésors de clémence avais-tu donc dans l'âme!

FORESTIER, les regardant tous deux.

Pour la première fois, ils sont vraiment unis...
O mes pauvres enfants, comme je vous bénis!...

FIN.

PARIS — J. CLAYE, IMPRIMEUR, 7, RUE SAINT-BENOIT. — [103]

www.ingramcontent.com/pod-product-compliance
Ingram Content Group UK Ltd.
Pitfield, Milton Keynes, MK11 3LW, UK
UKHW020330180726
13839UKWH00002B/623

9 782329 610146